敬窩詩選
경와 시선

지만지한국문학의 〈지역 고전학 총서〉는
서울 지역의 주요 문인에 가려 소외되었던
빛나는 지역 학자의 고전을 발굴 번역합니다.
'중심'과 '주변'이라는 권력에서 벗어나
모든 지역의 문화 자산이 동등한 대우를 받을 수 있도록 합니다.
지역 학문 발전에 이바지한 지역 지식인들의 치열한 삶과 그 성과를 통해
새로운 지식 지도를 만들어 나갑니다.

지역 고전학 총서

敬窩詩選
경와 시선

엄명섭(嚴命涉) 지음
엄찬영·강동석 옮김

대한민국, 서울, 지만지한국문학, 2024

편집자 일러두기

- 이 책은 《경와사고(敬窩私稿)》 필사본을 원전으로 삼아 번역했습니다.
- 이 책에는 《경와사고(敬窩私稿)》 권1에 수록된 시(詩) 748제(題) 805수(首)와 금산서사에 소장한 일시 19제 22수 가운데 127제 157수를 가려 뽑아 옮겼습니다.
- 작품의 배열은 원전을 따랐습니다.
- 본문은 직역을 위주로 하되 필요에 따라 의역한 곳도 있습니다.
- 시어 중에 풀이가 필요한 표현은 주석에서 따로 설명했습니다.
- 목차는 문집의 주석 부분을 제외해 단순화했습니다.
- 주석과 해설은 모두 독자의 이해를 돕기 위해 옮긴이가 작성한 것입니다.
- 지은이 소개는 해설에 포함되어 있으므로 이 책에서는 생략합니다.
- 한글에 한자를 병기할 때 괄호 안의 말과 바깥 말의 독음이 다르면 [ ]를 사용하고, 번역어의 원문을 표시할 때는 ( )를 사용했습니다. 또 괄호가 중복될 때에도 [ ]를 사용했습니다.

〈지역 고전학 총서〉를 펴내며

　고전은 시간과 공간에 의해 1차적으로 규정을 받으며, 지금 이곳을 우리에게 의미 있는 메시지로 전달할 수 있는 텍스트를 말한다. '고전'은 역사적으로 상대적인 개념이므로, 고정불변의 권위를 특별히 갖지는 않는다. 보편성을 갖는다고 여겨지는 텍스트들의 경우, 그것이 고전이라 일컬어지는 것은 여전히 지금 여기의 문제를 논의하는 데에 유용하기 때문이다. 그 이상도 이하도 아니다. 이를테면 《논어》가 고전일 수 있는 이유는 '공자의 《논어》'라서가 아니라 지금 이곳을 위해 《논어》 속 지혜가 필요하기 때문이며, 《사기》를 읽어야 한다는 것도 '사마천의 《사기》'라서가 아니라 지금 이곳을 살아가는 인간의 문제를 이해하는 데 중요한 시사점을 제공하기 때문이다. '고전 목록'이 시기별, 주제별로 제작되어야 하는 이유가 바로 여기에 있다.

　그런 점에서 고전은 철저하게 '지역'에 복무한다. 지역은 지금 이곳의 다른 말로서, 시간과 공간으로 규정되는 인간의 삶 자체를 뜻한다. '지역'을 특정 공간으로 한정해선 안 되는 이유가 바로 여기에 있다. 또한 '지역'을 중심과 상대되는 주변으로 환치해서도 안 된다. 중심도 지역이요, 주변도 지역이기 때문이다. 우리는 '지역'을 인간의 삶이 실질적으로 구현되는 장소, 시간과 공간의 좌표에 의해 구분되는 인간적, 인문적 영역으로 이해한다. 곧 특정한 장소는 상상의 중심에 의해 주변화한 곳이 아니라, 그 자체로 하나의 시간과 공간에 의해 규정된 사람들의 삶 자체를 의미하는 것이다.

따라서 '지역'에서 생산된 텍스트, 특히 한문 고전은 무엇이든 의미가 있다. 모두 특정 주체들의 이성과 감성을 함유하고 있기 때문이다. 특히 한문 고전을 주목하는 이유는 그 안에 우리 전통의 삶이 지혜로 녹아 있기 때문이다. 지역은 한글이 일상어가 된 근대 이후에도 한문 고전을 생산하고 있었다. 우리는 이 지점도 주목한다. 지역의 한문 고전은 바로 얼마 전까지만 해도 우리 삶을 보여 주는 텍스트였던 것이다. 우리가 '지역'과 '고전'을 하나로 붙이고, 지역의 모든 인문적, 인간적 생산물을 주목하는 것은 바로 이 때문이다.

그러나 '지금 이곳'의 다른 말로 '지역'을 주목하고, '이곳'에서 생산된 한문 고전을 텍스트로 읽고자 하는 데에는 더욱 중요한 사고가 바탕을 이루고 있다. 바로 인간의 생명 그 자체를 존중하고 평등하게 대하는 태도다. 살았던 것/살아온 것/살아갈 것은 모두 존중받을 필요가 있으며, 이들에 의해서 생성된/생성되고 있는/생성될 텍스트는 모두 평등한 가치를 부여받아야 한다. 학연이든, 지연이든, 권력이든, 소용(所用)이든, 그 어떤 이유로도 생명(우리는 문헌도 하나의 생명으로 간주한다)에 대해 차별할 근거는 없다. '지역'의 편언척자(片言隻字)조차도 의미 있다고 여기는 이유가 바로 여기에 있다. 《사기》를 짓기 위해 산천을 거듭 다녔던 사마천의 마음과, 조선 팔도를 수차례 걸어 다니며 작은 구릉과 갈래 길도 세세히 살폈던 김정호의 생각을 떠올려 본다.

이제, 우리는 '지역'에서 생성된 텍스트에 생명을 불어넣고 의미를 부여하는 작업을 시작할 것이다. 그동안 이들은 '생명 없는 생명체'였으며, '고립된 외딴섬'이었다. 비록 미약하지만 이후로 하나씩 '살아 있는 생명체'가 될 수 있도록 소중하게 발굴하고 겸손하게 살피고 애정으로 복원해 21세기 한국 사회의 지적 자산으로 확보하고자 한다. 그 방법은 단순하고 명쾌하다. 가까운 곳에서부터 하나씩 '고전'을 발굴하고 복원하는 것이다. 우리는 저들이 우리의 곁에 존재했건만 아직 손대지 못했음을 반성한다. 이후 복원된 생명들이 아름답게 어우러져 훌륭한 인간적, 인문적 세계를 이룰 수 있기를 기대해 본다. 많은 분들의 동참을 기다린다.

2022년 8월
지역 고전학 총서 기획 위원회

차 례

봄날 비 온 뒤 노래함 · · · · · · · · · · · · · · · 3
나무 빗에 대해 지음 · · · · · · · · · · · · · · · 4
배산에서의 은거를 지음 · · · · · · · · · · · · · 5
박노봉에게 답함 · · · · · · · · · · · · · · · · · 6
스스로의 기약 · · · · · · · · · · · · · · · · · · 7
봄날 강의 후 노래함 · · · · · · · · · · · · · · · 8
순산에서 예를 강독함 · · · · · · · · · · · · · · 9
김종철의 글방에서 송담 선생을 뵙고 함께 시를 지음 · 10
글을 읽다가 우연히 노래함 · · · · · · · · · · · 11
하늘을 노래함 · · · · · · · · · · · · · · · · · 12
땅을 노래함 · · · · · · · · · · · · · · · · · · 13
해를 노래함 · · · · · · · · · · · · · · · · · · 14
달을 노래함 · · · · · · · · · · · · · · · · · · 15
별을 노래함 · · · · · · · · · · · · · · · · · · 16
바람을 노래함 · · · · · · · · · · · · · · · · · 17
비를 노래함 · · · · · · · · · · · · · · · · · · 18
구름을 노래함 · · · · · · · · · · · · · · · · · 19

눈을 노래함 · · · · · · · · · · · · · · · 20
소나무를 노래함 · · · · · · · · · · · · · 21
대나무를 노래함 · · · · · · · · · · · · · 22
국화를 노래함 · · · · · · · · · · · · · · 23
옥잠화를 노래함 · · · · · · · · · · · · · 24
자두꽃을 노래함 · · · · · · · · · · · · · 25
복숭아꽃을 노래함 · · · · · · · · · · · · 26
모란을 노래함 · · · · · · · · · · · · · · 27
황양목을 노래함 · · · · · · · · · · · · · 28
앵두꽃을 노래함 · · · · · · · · · · · · · 29
늦매미를 노래함 · · · · · · · · · · · · · 30
참외를 노래함 · · · · · · · · · · · · · · 31
술을 노래함 · · · · · · · · · · · · · · · 32
조탕대 유람 · · · · · · · · · · · · · · · 33
우연히 노래함 · · · · · · · · · · · · · · 34
스스로의 경계 · · · · · · · · · · · · · · 35
폭염 · · · · · · · · · · · · · · · · · · · 36
긴 장마 · · · · · · · · · · · · · · · · · 37
마음을 경계함 · · · · · · · · · · · · · · 38
가을 강을 바라보다 느낀 바 있어 · · · · · · 39
독서 감회 · · · · · · · · · · · · · · · · 40

중춘의 감회 · · · · · · · · · · · · · · · ·42

봄비 ·43

한식날 ·44

금재 선생께서 여든에 아들을 낳고 지은 시에 화운함 ·45

멋진 흥취 · · · · · · · · · · · · · · · · · · ·46

우연히 노래함 · · · · · · · · · · · · · · · · ·47

회포를 씀 · · · · · · · · · · · · · · · · · · ·49

우연히 노래함 · · · · · · · · · · · · · · · · ·51

탄식하며 노래함 · · · · · · · · · · · · · · · ·56

예탑 즉사 · · · · · · · · · · · · · · · · · · ·57

배움을 걱정함 · · · · · · · · · · · · · · · · ·59

약천서당에서 흥 나는 대로 노래함 · · · · · · · · ·61

술로 장풍이 났는데 붕어탕 한 그릇을 먹고서 큰 효과를 봤기에 절구 한 수를 지어 잊지 못할 마음을 부침 · · · ·64

사신당에서 기우제를 지냄 · · · · · · · · · · · ·65

단비 ·66

한가한 삶 · · · · · · · · · · · · · · · · · · ·67

주 부자의 무이도가 운자를 사용해 청송재 시를 지음 ·68

약천 가는 도중 · · · · · · · · · · · · · · · · ·74

스스로 힘씀 · · · · · · · · · · · · · · · · · ·75

우연히 증점이 자신의 뜻을 말한 일이 생각나 감탄하며 노래

함 · 76
동지 · 78
우연히 노래함 · · · · · · · · · · · · · · · · 79
고달픈 장마 · · · · · · · · · · · · · · · · 81
가르치는 감회 · · · · · · · · · · · · · · · 82
4월에 비바람과 우레가 많아 힘들기에 씀 · · · · · 83
초가을 경치를 노래함 · · · · · · · · · · · · · 84
금산 마을에서 즉시 지음 · · · · · · · · · · · 85
예양서사 제생에게 면학에 대해 노래함 · · · · · · 86
모년의 감회를 읊음 · · · · · · · · · · · · · · 87
옥매를 읊음 · · · · · · · · · · · · · · · · · 88
1992년 설날 아침 한가롭게 노래함 · · · · · · · · 89
외로운 제비를 슬퍼함 · · · · · · · · · · · · · 90
동암이 준 약이 고맙기에 · · · · · · · · · · · · 91
하현 군이 도산주법으로 4년을 담가 빚어 나의 장수를 빌어
주니 고마워서 읊음 · · · · · · · · · · · · · 92
강릉행 차 속에서 한광석을 만나 · · · · · · · · 93
산중 여름날 즉시 노래함 · · · · · · · · · · · · 94
광복절 · · · · · · · · · · · · · · · · · · · 95
스스로 반성 · · · · · · · · · · · · · · · · · 96
가을날 감회 · · · · · · · · · · · · · · · · · 98

순산의 멋진 흥취 · · · · · · · · · · · · · · · · 99
봄날 야유회 · · · · · · · · · · · · · · · · · · · 100
스승을 구하는 설 · · · · · · · · · · · · · · · 101
따뜻한 겨울 · · · · · · · · · · · · · · · · · · · 104
단오에 우연히 노래함 · · · · · · · · · · · · 106
칠석 · 108
스스로 경계함 · · · · · · · · · · · · · · · · · 110
상금서당 삼불등에서 화전놀이 · · · · · · · 112
복날 바로 노래함 · · · · · · · · · · · · · · · 114
객지에서 칠석을 맞이함 · · · · · · · · · · · 115
중원절 바로 지음 · · · · · · · · · · · · · · · 116
배우기에 힘씀 · · · · · · · · · · · · · · · · · 118
스스로 힘씀 · · · · · · · · · · · · · · · · · · · 119
옥산사 · 120
독서 감회 · 122
천성 회복을 생각함 · · · · · · · · · · · · · · 123
분발해 힘씀 · · · · · · · · · · · · · · · · · · · 124
나라 근심 · 125
약천서당 잡영 · · · · · · · · · · · · · · · · · 126
금산서사 · 128
금재 선생의 만사를 짓고 곡함 · · · · · · · · · · 129

4월 12일 어초정에 올라가 함께 노래함 · · · · · · 131
제생과 무진정에 올라 노래함 · · · · · · · · · · 132
세태를 걱정하며 읊은 감회 · · · · · · · · · · 133
감회 · 134
국화 피는 가을날 의랑에 차운함 · · · · · · · · 135
대성산방 제생이 학부형과 함께 요천에서 노닒 · · · 137
감회를 노래함 · · · · · · · · · · · · · · · · 138
전주향교 경전 강연일의 차운시를 뒤늦게 씀 · · · 139
화계 선생 박 공의 영연에 찾아가 곡함 · · · · · · 140
제주 부두에서 사돈 형 신길휴와 헤어지며 줌 · · · 141
완산재 중건에 삼가 차운함 · · · · · · · · · · 143
분성 배씨 충효각 복원 및 침천재 중수 추감시 · · · 144
사육신의 충의는 해와 달과 더불어 빛을 다툼 · · · 146
패성 회고 · · · · · · · · · · · · · · · · · · 148
망모당 시회의 감회 · · · · · · · · · · · · · 150
삼효정 중수에 차운함 · · · · · · · · · · · · 151
매성 회고 · · · · · · · · · · · · · · · · · · 153
금강에서 뱃놀이하며 차운함 · · · · · · · · · 155
계유년(1993) 인일 감회를 노래함 · · · · · · · · 157
손자 엄찬영에게 지어 줌 · · · · · · · · · · · 159
대로사 추양 낙성시 · · · · · · · · · · · · · 161

한국한시협회 문명 정부 출범에 차운함 · · · · · · · 163
단군제전에 바람 · · · · · · · · · · · · · · · · 164
옛 도읍의 가을 풍경 · · · · · · · · · · · · · · 165
여수 유림회관 건립을 축하함 · · · · · · · · · · 167

일시(逸詩)

감회 · 171
노년의 회포 · · · · · · · · · · · · · · · · · · 175
스스로 경계하며 노래함 · · · · · · · · · · · · 176
경을 독실케 하는 공부 · · · · · · · · · · · · · 179

해설 · 181
옮긴이에 대해 · · · · · · · · · · · · · · · 185

경와 시선

봄날 비 온 뒤 노래함

봄날 산에 온종일 비 내렸더니
남은 겨울눈이 모두 다 녹더라
화평한 기운 하늘에 가득 차니
뭇 생물 각자 스스로 기뻐하네

春日雨後吟

春山一夜雨　消盡餘冬雪
和氣滿天濃　群生各自悅

나무 빗에 대해 지음

나와 함께 보낸 어언 삼십 년
날마다 매 순간 서로 가까웠지
돌이켜 생각하건대 그간의 의리
난 지금도 그때를 잊을 수 없네
군데군데 빠진 빗살에 너도 늙었고
안타깝게도 나 역시 흰머리 가득하다
공이 있어도 잘한다고 자랑 없으니[1)]
누가 너와 같은 천성을 지녔으랴

題木梳

共余三十年　日日每相親
回憶其間義　我今不忘辰
疎齒爾成老　嗟余白髮新
有功無伐善　孰似汝天眞

---

1) 공이… 없으니 : 원문 '벌선(伐善)'은 벌선시로(伐善施勞)의 준말로, 《논어》〈공야장(公冶長)〉에 보인다.

배산[2]에서의 은거를 지음 1924년

산 등진 아래에서 몇 칸 초가지붕 엮고
고금을 강론하니 세속 누각은 아니라네
때때로 모든 새 애로라지 뭔가 아는 듯
호시절 봄바람 부니 이곳 향해 지저귀네

題杯山幽居 甲子

數間茅屋背山低　講古論今非俗樓
有時群鳥聊如識　好帶春風向此啼

---

2) 배산(杯山) : 전라북도 남원에 있는 산 이름이다.

박노봉에게 답함

성사심제[3]란 하늘을 근본으로 하는 공부로
이 마음 이 천성 하늘로부터 나온 것이라네
성인의 가르침은 모두 이 이치를 구하는 거라
다만 바라노니 그대 평생 성과 천을 배우시게

答朴魯鳳

師性心弟學本天　此心此性出于天
聖謨皆是求玆理　但願君終學性天

---

3) 사성심제(師性心弟) : 성사심제(性師心弟). 간재(艮齋) 전우(田愚, 1841~1922)의 주리철학(主理哲學) 핵심 개념이며 가치 체계의 근본 원리다. 이 원리의 구체적 내용은 〈심본성설(心本性說)〉과 〈성사심제독계어(性師心弟獨契語)〉, 〈성존심비적거(性尊心卑的據)〉, 〈성사심제변변(性師心弟辨辨)〉 등에 묘사되어 있다.

스스로의 기약 1946년 12월 27일

호연지기 꽉 붙잡고 맑게 깨어 있어야
진실로 하늘과 인간이 하나가 된다네
바로 이를 공부해 밝게 또 크게 한다면
유가의 참된 업을 맡아 계승할 수 있다네

自期 丙臘念七

浩然持志在醒醒　誠必天人合一凝
直使此工明且大　斯文眞業可任承

봄날 강의 후 노래함 1947년 2월 그믐

산방에서 글을 읽다 보니 봄이 왔음을 몰랐는데
햇볕이 따뜻해 비로소 싱그러운 경치를 봤네
참된 즐거움이란 바로 저 안에 있음을 알겠으니
두세 사람과 너끈히 서로 성장하려 찾아가리

春日講後有吟 丁亥二月末日

讀書山榻不知春　日暖方看物色新
眞樂從知那裡在　好尋相長數三人

순산[4]에서 예를 강독함 1948년 3월 15일

사문들과 자제들과 함께 공부하기 바랐는데
숨어 지내며 이 산속에서 예를 익힌다네
오늘날 예를 익힘이 언젠가는 옛일이 되어
훌륭한 명성은 천고에 끝이 없을 것이라

舜山講禮 戊子三月望日

願學斯文與子同　隱居習禮此山中
今擧將爲一故事　美名千古也無窮

---

4) 순산 : 금산서사가 있는 뒷동산의 원래 이름인데, 여기서는 저자의 스승 금재(欽齋) 최병심(崔秉心)으로부터 금산서사 명명을 받기 이전의 사숙(私塾)을 가리키는 말이다.

김종철의 글방에서 송담 선생을 뵙고 함께 시를 지음 1951년

선생님 뵙고자 들판에 있는 정자 올랐더니
산을 에운 가랑비가 강과 성에 흩뿌린다
가슴 가득 뜻과 업을 기분 좋게 나눴더니
석별에 주저하며 발길을 붙잡는구나

金鍾哲家塾拜松潭共吟 辛卯

欲拜函筵上野亭　繞山細雨過江城
滿腔志業歡相討　惜別躊躇肯挽行

글을 읽다가 우연히 노래함

배움을 좋아하고 인을 편히 여김은 즐길 바 있고
성문의 뜻과 학업에는 근본이 있는 것이라네
그대를 위해 승당5)의 남은 일에 대해 말하고
그해 반약6)에 대해 상세히 얘기해 줘야겠구나

讀書偶吟

好學安仁所樂其　聖門志業攸有基
升堂餘事爲君道　詳說當年反約時

---

5) 승당 : 높은 학문의 경지를 말한다. "공자가 말하기를 '자유는 당에 올랐고, 아직 방 안에는 들어오지 못했다'(子曰 : 由也, 升堂矣, 未入於室也)"[《논어(論語)》〈선진(先進)〉].
6) 반약 : 박학반약(博學反約)의 준말로, 널리 배우는 것은 장차 돌이켜 핵심을 구하기 위함이라는 뜻이다. "맹자가 말하길 '넓게 배우고 자세히 말함은 장차 돌이켜 간략히 말하려 함이니라'(孟子曰 : 博學而詳說之, 將以反說約也)"[《맹자(孟子)》〈이루(離婁) 하(下)〉].

하늘을 노래함

천상의 전체는 자시에 처음 생기더니
끝없는 원형이 엎어진 항아리와 같구나
원형이정(元亨利貞)이란 바로 하나의 이치이므로
만고를 순환하며 아무 말 없이 완성하네

詠天

渾淪全體子初生　無極圓形似覆瓶
元亨利貞玆一理　循環萬古不言成

땅을 노래함

후덕을 본받은 삼천리 지방에 가로질러
하늘의 지극한 덕을 짝하니 소리가 없네
지극하다 사해에 가득 차 서로 실어 주니
만물이 때에 응해 서로 뜻을 이루었네

詠地
體厚三千方且橫　配天至德亦無聲
極乎四海盈相載　萬物對時各遂情

해를 노래함

붉은 해가 동쪽 끝에 솟구쳐 올라
밝은 옥쟁반 티끌에도 물들지 않네
하늘 한가운데 이르자 온 나라 밝아지니
천년을 늘 같은 빛으로 비추었으리

詠日

赤輪高出扶桑臺　赫赫玉盤不染埃
纔到天心明萬國　千秋一色照臨來

달을 노래함

보름밤 달빛이 들판 집을 가득 비추니
찬 연못 언 눈엔 가벼운 향기 담백하다
찼다가 이지러졌다 하는 이치를 누가 알까
어김없는 궤도는 태양과 동일하구나

詠月
十五夜光滿野堂　寒潭氷雪淡輕香
盈虛一理誰能識　纏度無違配太陽

별을 노래함

계명성은 밤이 되자 은하수를 이루고
동쪽에서 올라 서쪽으로 지며 반짝반짝
이십팔수[7]는 모두 도수가 있으니
남쪽 끝 좋은 사람의 집을 비추네

詠星辰

明星入夜滿天河　東出西斜耿耿過
二十八辰咸有度　照來南極吉人家

---

7) 이십팔수(二十八宿) : 고대의 천문학에는 하늘의 별을 나누어 이십팔수를 만들어 사방에 각기 칠수(七宿)가 있었다. 동방은 각(角)·항(亢)·저(氐)·방(房)·심(心)·미(尾)·기(箕), 북방은 두(斗)·우(牛)·여(女)·허(虛)·위(危)·실(室)·벽(壁), 서방은 규(奎)·누(婁)·위(胃)·묘(昴)·필(畢)·자(觜)·삼(參), 남방은 정(井)·귀(鬼)·유(柳)·성(星)·장(張)·익(翼)·진(軫)으로 되어 있다.

바람을 노래함

하늘 끝 모든 산 구름을 쓸어 내자
조금 뒤엔 밭고랑에 비를 내리는구나
봄날 동산엔 모두 다 불지 마라
활짝 웃는 온갖 꽃 상할까 걱정스러우니

詠風
天際掃開雲萬山　俄然帶雨潤田間
林園春日母吹盡　恐損百花得意顔

비를 노래함

단비가 부슬부슬 사방 들판에 내리니
자혜로운 은택이 농가에 퍼지도다
벼 키우는 강촌에는 보리도 같이 키우니
춘란과 국화도 가볍게 적셔 주는구나

詠雨

甘霈濛濛四野斜　惠然霈澤散農家
養禾水國兼宜麥　細浥春蘭又菊花

구름을 노래함

몽실몽실 하늘 끝 산봉우리에서 나와
뭇 골짜기에 잠기더니 온통 자욱하구나
아득히 피어 모인 곳엔 단비를 내리니
예나 지금이나 바람 따라 모였다 흩어졌다

詠雲

靄靄天邊出岫林　鎖來萬谷一般深
油然會處能甘雨　聚散從風古與今

눈을 노래함

육각의 꽃이 뭇 산에 하얗게 피니
햇볕은 우주를 더욱 환하게 비추네
은바다처럼 신조국의 별천지를 만들더니
가지마다 옥룡8)이 소복소복 쌓였구나

詠雪

六花發白萬千山　歲色煥然宇宙間
銀海別成新造國　枝枝好戴玉龍顔

---

8) 옥룡 : 옥룡(玉龍)은 눈을 비유하는 시적 표현이다. 송(宋)나라 장원(張元)의 시 〈설(雪)〉에 "싸움에 진 옥룡 삼백만 마리, 갑옷 비늘 하늘 가득 날려서 떨어지네(戰退玉龍三百萬 敗鱗殘甲萬空飛)"라 했다.

소나무를 노래함

겨울 고개는 늘 흰 구름 곁에 서서
곧은 절개로 서리 능멸하는 강심장이라
봄이 찾아와 새롭고 기이한 풍경 더하고
푸르른 비췻빛이 온 시내에 흐른다

詠松
冬岺時立白雲傍 直節凌霜是鐵腸
春來尤得新奇景 翠色靑靑澗一方

대나무를 노래함

대나무9)의 절개를 원통10)이라고도 부르니
굳세고 푸르며 그윽하고 향기로움이 세모에도 같네
가는 열매는 봉황새 부리에 깃들어 끝까지 머물고
바람이 켜는 거문고 소리에 옥처럼 영롱하구나

詠竹

此君貞節號圓通　勁綠幽香歲暮同
細實終留棲鳳喙　風彈琴韻玉玲瓏

---

9) 대나무 : 원문의 '차군(此君)'은 대나무의 별칭으로, 왕휘지(王徽之)가 대나무를 몹시 사랑해, 단 하루도 '차군(此君)'이 없으면 안 된다고 했다는 고사에서 유래했다. 《진서(晉書)》 권80 〈왕휘지열전(王徽之列傳)〉 참조. 소식(蘇軾)의 〈묵군당기(墨君堂記)〉에 "유독 왕희지가 대나무를 군(君)이라 했으니, 천하 사람들이 이를 따라 군(君)으로 삼으면서도 군말이 없었다"고 했다.
10) 원통 : 치우치지[偏倚] 않고 장애(障碍)가 없음을 이르는 말이다.

국화를 노래함

몇 떨기 누런 국화가 뜨락 가득 피어
짙은 향기 퍼뜨리다 멀리까지 뻗는다
도잠11)이 사랑했던 취미를 본받고자
국화꽃 마주하고 두세 잔 자작하네

詠菊

數叢黃菊滿庭開　馥馥遺馨遠播來
爲愛陶潛餘趣襲　對花自酌兩三盃

---

11) 도잠(陶潛) : 중국 육조 시대의 시인이다. 본명은 잠(潛)이고 자(字)가 연명인데, 일반적으로 도연명으로 칭한다.

옥잠화를 노래함 청송재 꽃섬

입추 절기가 되자 옥잠화 피었더니
특별한 맑은 향기 멀리까지 퍼진다
들으니 정소송12)도 일찍이 이를 사랑해
옥처럼 깨끗한 자태 취하려 손수 심었다 하네

詠玉簪花 聽松齋 花塢

立秋時節玉簪開　格別淸香遠播回
聞道小松嘗愛此　取姿玉潔手栽來

---

12) 정소송 : 청송재(聽松齋)의 주인 정재건(鄭在健, 1843~1910)을 가리킨다. 본관은 영일(迎日)이고, 자는 계주(啓周)이며, 호는 소송(小松)으로, 전남 곡성군 입면 출신이다. 옥과와 곡성(谷城)이 합군되어 향교가 폐쇄되자 군내 유생들을 모아 반대하는 상소를 했으나 실패했고, 1910년 한일 합방이 되자 나라의 운명을 한탄하고 자결한 인물이다.

자두꽃을 노래함

나란히 피는 옥잎엔 뭇 가지 향기 가득하고
절로 봄빛 얻어 골짝 마을 아름답게 만드네
아름다운 자태가 복사꽃과 때를 같이하니
벌은 노래하고 나비는 춤추며 모두 바쁘구나

詠李花

幷開玉葉滿枝香　自得春光擅谷鄕
美態與桃時亦等　蜂歌蝶舞正紛忙

복숭아꽃을 노래함

붉은 비 어지럽게 날리는 삼월 저녁에
도원 한 곳을 아는 이 누구인가
흘러오는 곳에 무릉의 물[13] 띄우지 마라
혹여 앞 시내의 어부가 따라올까 두려우니

詠桃花

紅雨亂飛窵暮時　桃源一地有誰知
流來莫泛武陵水　恐或前溪漁子隨

---

13) 무릉의 물 : 복사꽃이 떠내려오는 물을 말한다. 무릉은 한(漢)나라 때의 군명(郡名)으로, 지금의 중국 후난성 창더시(常德市)다. 여기서는 진(晉)나라 도잠의 〈도화원기(桃花源記)〉에 나오는 무릉도원(武陵桃源)을 말한다.

모란을 노래함

비 온 뒤 꽃잎 붉어져 아름다운 빛 쫙 퍼져
잎 위아래로 온 가지에 가득 피었도다
부귀에 모란꽃 비유하니 이름도 참 좋아
세태의 정에 푹 빠져 누구인들 미혹되지 않을까

詠牧丹
雨後稔紅美色齊　滿枝開處葉高低
比花富貴名稱善　酷愛世情孰不迷

황양목을 노래함

중춘에 일찍이 아름답다 향기롭다 명성 얻어
가지 끝에 빽빽하게 모였으니 정녕 향기롭구나
누런 꽃술은 푸른 잎 빛깔과 거의 같아
한가롭고 맑은 대낮 집 안이 온통 밝구나

詠黃楊木
仲春早得美香聞　攢簇枝頭正馥芬
黃蕊微同靑葉色　閒淸午院自繽紛

앵두꽃을 노래함

나무에 가득 모인 주렁주렁 붉은 낟알
온 가지에 핀 울긋불긋 꽃 점점 보인다
옛사람 일찍이 앵두꽃을 형제로 비유하니[14]
응당 나 또한 화목하게 술잔 들고 마주해야지

詠棣花

紅粒幕連攢樹來 漸看韡韡滿枝開
古人曾比花兄弟 宜我對擧湛樂盃

---

14) 옛사람… 비유하니 : 《시경》〈당체(棠棣)〉를 말하는데, 이 시는 형제가 화목하게 술을 마시며 즐기고 있는 것을 노래한 것이다. 당체는 곧 상체(常棣)와 같은 것으로, 앵두나무를 가리킨다.

늦매미를 노래함

찌르르 온 매미 울음소리 숲에서 들리니
맑은 그늘 가지 위에서 가을 깊음 알리네
가을 귀신[15] 또한 하늘은 말이 없다 하니
늦매미 보내 조물주 마음을 함께 울린 것이라

詠晚蟬
嘒嘒一聲出自林　淸陰枝上報秋深
蓐收却爲天無語　送此共鳴造化心

---

15) 가을 귀신 : 원문의 '욕수(蓐收)'는 중국 상고 시대의 가을을 주관하는 신 이름이다.

참외를 노래함

더위를 녹이는 산속 누대의 풍미는 시원하고
둥근 잔에 아름다운 술이 다시 쟁반에 오른다
참외 씹다 빈풍의 곡조[16] 읊조려 봤더니
자못 주나라 세도가 편안함을 알겠구나

詠食苽

消暑山臺景味寒　團團桂髓却登盤
啖來詠罷豳風曲　頗覺周家世道安

---

16) 빈풍의 곡조 : 《시경》 〈빈풍(豳風) 칠월(七月)〉에 "칠월에는 대화심성(大火心星)이 서쪽으로 흘러내려 가 서늘해지고, 구월에는 추워지니 새로 솜옷을 만들어 준다(七月流火, 九月授衣)"라는 말이 보인다.

술을 노래함

솔향기에 맛 또한 달다고 전해 들었으니
덕으로 이어 가 취하지 않아[17] 단술이 되었네
시 모임 꺼리지도 말고 잠시 싫증 내지 마라
운취가 이 안에서 향기롭게 때때로 있으니

詠酒
聞道松香味亦甘 德將無醉是爲酣
莫嫌詩社傾無厭 韻趣時從這裡馣

---

17) 덕으로… 않아 : 《서경(書經)》〈주고(酒誥)〉의 "술은 늘 마시지 말라. 여러 나라가 술을 마시되, 오직 제사 때에만 할 것이니, 덕으로 이어 가 취하지 말라(無彛酒. 越庶國飮, 惟祀, 德將無醉)"라는 구절에서 따왔다.

조탕대 유람

쇳덩이 녹일 듯한 더위가 위엄을 떨치니
더위 식히러 임천의 푸른 너럭바위 앉아
어느 곳에 하삭음[18]의 즐거움 겨우 있을까
맑은 물에 목욕하고 돌아와 의관을 털 테니

遊釣碭臺

流金炎熱酷揚威　消暑林泉坐碧磯
何處堪存河朔飮　淸波來沐振冠衣

---

18) 하삭음 : 여름에 피서하면서 술을 마시는 흥취, 또는 그 술자리를 말한다. 삼국 시대 위(魏)나라 광록대부(光祿大夫) 유송(劉松)이 원소(袁紹)의 군대를 진압하러 가서 원소의 자제들과 삼복(三伏)더위에 밤낮으로 술을 마셔서 흠뻑 취했다는 데서 유래한 것이다. 《초학기(初學記)》〈세시부 상 하피서음(歲時部上夏避暑飮)〉참조.

우연히 노래함

염량세태의 인정이란 가는 곳마다 같아
세상의 맛 겪어 보니 괴롭기만 하더라
하루아침 근심을 그대는 말하지 말라
부열도 초년에는 부암에서 축판 쌓았으니[19]

偶吟

炎涼人情處處同　喫來世味苦兼醎
一朝所患君休道　說亦初年築傅巖

---

19) 부열도… 쌓았으니 : 뛰어난 인재도 비천한 직업에 종사하는 것을 비유한 말이다. 부열(傅說)은 중국 은나라의 현상(賢相)으로, 부암에서 건축에 사용하는 축판을 쌓는 일을 하다가 재상이 되었다.

스스로의 경계

스스로 평생을 돌아보니 뜻을 저버림 많은데
어찌하여 오늘 다시 어길 수가 있겠는가
하나의 악이 몸에 해로울까를 염두에 둔다면
극기복례를 오롯이 공부해야지 다른 데 없다네

自戒

自顧平生負意多　如何今日更蹉跎
念頭一惡爲身賊　克己專工不在他

폭염

쓰르라미 울음 속에 삼복더위는 시들어 가고
맑은 바람 불어오니 저녁 발을 걷게 하는구나
더위가 싫어 우연히 천일주[20] 생각하니
중산 어느 곳에 주막 깃발 걸려 있을까

苦熱

寒蟬聲裡老庚炎　送凉淸風動暮簾
嫌熱偶思千日酒　中山何處掛靑帘

---

20) 천일주 : 한 번 마시면 1000일 동안 취한 채로 지낸다는 술을 말한다. 전설에 적희(狄希)라는 사람이 천일주를 잘 만들었다고 하며, 유현석(劉玄石)이라는 사람이 중산(中山)의 술집에서 천일주를 사다가 마시고 취했는데 집안사람들이 그가 죽은 줄로 알고 장사 지냈다가 1000일이 지난 뒤에 술집 주인의 말을 듣고 다시 관(棺)을 열어 보니 그제야 술에서 깨어났다고 한다. 《박물지(博物志)》〈잡설(雜說) 하(下)〉 및 《수신기(搜神記)》 참조.

긴 장마

달포 넘게 흐리며 장맛비 내리더니
이끼가 섬돌을 수놓아 쪽처럼 푸르구나
언덕 위 벼 이삭 꽃들이 다투어 피니
바람 소리 남쪽부터 날까 두렵구나

苦霖

霖雨紛紛跨月曇　苔紋上砌碧如藍
原頭穮秺花爭發　恐有風聲動自南

마음을 경계함

홀로 있을 때 수시로 조심하고 숨었을 때 경계하니
마음에 부끄럼이 없는 곳에서는 한 몸도 편안하네
진실로 곤궁함에 반드시 참다운 공부가 있으니
아침에 푸성귀, 저녁에 소금국을 즐겨 마신다네[21]

戒心

謹獨時時戒隱潛　心無愧處一身恬
固窮必是眞工在　樂喫朝虀又暮鹽

---

21) 아침에… 마신다네 : 아침엔 푸성귀를 먹고 저녁엔 소금국을 먹는다는 말로, 어려운 환경 속에서 뜻을 굽히지 않고 매진할 때의 비유로 쓰인다. 당(唐)나라 한유(韓愈)의 〈송궁문(送窮文)〉에 "태학에서 4년을 공부하는 동안, 아침에는 푸성귀를 먹고 저녁에는 소금국을 먹었다(太學四年, 朝虀暮鹽)"라는 말이 나온다.

가을 강을 바라보다 느낀 바 있어

가을 물은 특히도 맑아 수면이 거울 같고
밝은 달이 동쪽 하늘로부터 내리비추도다
냇물이 밤낮으로 흐르며 쉼이 없으니
맑은 마음 거울삼아 큰 업적 남기리라

觀秋水有感

秋水特淸鏡面空　照來皓月自天東
川流日夜無窮息　鑑此澄心大有功

독서 감회 2수 1952년 동지 전날

첫째 수
천하 백성이 덕을 실천한 지 이미 오래니[22]
순박한 풍속 오묘함을 다시 보기 어렵구나
성인의 학문이 큰 공덕 됨을 안 이후로부터
도심이 도처에 적지 않아 얻음을 즐거워하네

둘째 수
문명과 태평성세 지금 서로 거리 멀어
미풍양속 남아 있는 것이 그나마 드물구나
성인의 학문 밝지 않아 치세가 급하니
인심이 위태로운 곳에 도심은 은미하도다[23]

---

[22] 천하… 오래니 : 원문 '금이구(今已久)'는 《논어(論語)》〈옹야(雍也)〉에 나오는 말을 축약한 것으로 중용의 덕을 실천한 이가 적은 지 오래됨을 말한 것이다.
[23] 인심이… 은미하도다 : 《서경(書經)》〈대우모(大禹謨)〉의 "인심은 위태하고 도심은 은미하니, 오직 정밀하게 살피고 일관되게 행동해 그 중도를 진실로 잡아야 한다(人心惟危, 道心惟微, 惟精惟一, 允執厥

讀書感懷 二首 壬辰小至

其一

天下民生今已久　淳風汋穆更看稀
從知聖學爲功大　樂得道心各不微

其二

文明盛世今相遠　善俗美風存者稀
聖學不明治亂亟　人心危處道心微

中)"라고 한 구절을 전용한 것이다.

중춘의 감회

하늘 가득 맑은 기운 점점 온화해져만 가니
기분 좋게 서당 바라봄에 봄바람 불어온다
도에 뜻을 둔 남아 있는지 없는지 살펴보니
글을 통해 큰 영웅호걸이 되어 나왔구나

仲春感懷

滿天淑氣漸和融　喜看杏壇帶好風
志道男兒間有否　書中做出大英雄

봄비

봄 하늘엔 온통 비가 내려 뿌옇더니
봄바람에 은택과 공덕 내림 알겠어라
조화옹이 이 안에다 만물을 내었으니
보리 빛깔 이르는 곳마다 왕성하구나

春雨

春天一雨正涳濛　認是東風施澤功
造化這中生萬物　麥光到處更蓬蓬

한식날 1953년 2월 23일

아름다운 절기 한식날[24]을 맞아
집집마다 유화[25]로 새롭게 불을 피운다
살구꽃이 시단에 많이도 피어나고
남미술[26]로 진정 고인을 노래하도다

寒食 癸巳二月二十三日
佳節正當百五辰　家家楡火改烟新
杏花多發騷壇上　藍尾酒眞詠古人

---

24) 한식날 : 원문의 '백오진(百五辰)'은 한식날을 가리킨다.
25) 유화(楡火) : 느릅나무에서 취한 불을 말하는데, 옛날에 봄철에는 느릅나무·버드나무의 불을 취하고, 여름에는 대추나무·살구나무의 불을 취하는 등 계절마다 나무를 바꾸어 불을 취했던 데서 온 말이다. 《주례(周禮)》〈하관(夏官) 사관(司爟)〉 참조.
26) 남미술 : 원문은 남미주(藍尾酒)로, 산초와 잣 등을 넣어 만든 술이다.

금재 선생께서 여든에 아들을 낳고 지은 시에 화운함

선생의 도덕은 인을 근본으로 삼았기에
선을 쌓은 이후 복과 경사 또 생겼네
감응해서 반드시 신의 보답이 있으니
절로 하늘이 보우해 새 생명 태어났지

和欽齋先生八十生男口呼韻

先生道德本乎仁　積善由來福慶新
感應必知神有報　自天保佑命之申

멋진 흥취

한 실마리 시의 회포로 일만 근심은 사라지고
운자를 강조하지 않음에 특별히 근심 생기네
시내에 다다라 발을 씻고 한가히 돌아오는 길에
들녘 머리 떨치는 맑은 바람이 얼굴에 불어온다

逸興
一緖詩懷萬慮休　韻無腔調別生愁
臨溪濯足閒歸路　面面淸風拂野頭

우연히 노래함 3수

첫째 수
　배우길 좋아하는 참공부란 어리석음 깨트릴 법해
　비로소 이 이치가 사람마다 있음을 알겠구나
　하늘과 사람이 합해지는 신묘함 이에 있어
　도가 분명한 때를 보니 덕이란 외롭지 않구나[27]

둘째 수
　도를 전하는 공자의 학문 마침내 노둔해져
　삼천여 제자들 모두 견광한 사람들 되었구나
　큰 절의가 확고하니 누가 뜻을 뺏는단 말인가
　사직은 힘입어 편안해지고 또한 탁고[28]도 그러한데

셋째 수
　기미를 알아 세상을 피하니 매번 어리석은 듯

---

27) 덕이란 외롭지 않구나 : 《논어》〈이인〉 편에 나온다.
28) 탁고 : 임금이 죽기 전에 어린 세자를 부탁하는 것을 말한다.

또 참과 그릇된 것만 아니 소장부가 된 듯해
주경야독하다 자득해서 뜻을 즐기니
풍광은 아름다우나 한 산만이 외롭게 서 있네

偶吟 三首

其一

好學眞工足破愚　始知此理在夫夫
天人合妙於斯得　看道明時德不孤

其二

傳道孔門竟魯愚　三千餘子狷狂夫
確乎大節誰能奪　社稷賴安又托孤

其三

知機避世每如愚　也識眞非小丈夫
樂志囂囂耕讀裡　風光盡美一山孤

회포를 씀 2수

첫째 수
육지 가라앉은 근역29)에 바닷바람 높고
하늘이 이때를 위해 각별히 언덕에 감추었네
지금 해야 할 일을 알아 주경야독해서
홀로 선을 실천하며 어질고 호방해져야지

둘째 수
바람이 수국에 불어오니 기러기 소리 높고
눈과 달 하늘에 가득하고 언덕에도 가득하다
눈과 달 밝은 때엔 바람 또한 아름다우니
이 중 한가한 흥취는 정녕 기이하고 호방한가

---

29) 육지 가라앉은 근역 : 원문 '육침(陸沈)'은 육지가 물에 잠긴다는 뜻으로, 나라가 외적에 침입을 당해 매우 어지러운 상태를 뜻하며, '근역(槿域)'은 우리나라 별칭이다.

自敍 二首

其一

陸沈槿域海風高　天爲此辰藏別皐
耕讀從知今事業　由來獨善自賢豪

其二

風來水國雁聲高　雪月滿天更滿皐
雪月明時風亦美　此中閒趣正奇豪

우연히 노래함 8수 1954년 8월 8일

첫째 수

지나 보니 세상의 맛이란 쓰고 단 것이라
더욱 마음 붙잡고 소홀히 지내서는 안 된다
선을 가리고 중도를 잡아 인이 익숙한 뒤에30)
평탄하고 큰 길로 간다면 비로소 편히 가리라

둘째 수

반평생 장차 늙음에도 힘써 글을 읽다 보니
구극31)의 짧은 시간 정녕 가볍다는 걸 알겠구나
미숙한 남은 공부 어느 곳에 있을까
꿈속 영혼이 밤에 들어와 때로 떠다니니

셋째 수

조석으로 낳아 주신 부모님께 욕 끼침 없게 하고

---

30) 선을… 뒤에 : 《서경(書經)》〈대우모(大禹謨)〉에 보인다.
31) 구극 : 세월의 빠름을 비유하는 말이다. 《장자(莊子)》〈지북유(知北遊)〉참조.

하늘처럼 끝없는 은혜를 가벼이 여겨선 안 되네
본성과 스승이 단전 속에 모두 갖춰져 있기에
하나하나 받들어 스스로 행하는 건 하지 마라

넷째 수
진실한 마음이란 하나의 생각에서 나오는 것
거두어 보존함을 털 나누듯 가볍게는 안 된다
이 마음 하늘과 사람의 구별은 늘 있는 법
의욕은 둘로 행해지지 않음을 당연히 아네

다섯째 수
도의 근원은 본래 상천으로부터 생겨나니
하나의 마음을 알아 가벼이 해서는 안 되네
인욕이 다하는 때 경(敬)과 의(義)가 있기에
이 가운데 천리(天理)가 비로소 유행함을 알아야 하네

여섯째 수
한 번 성찰 미진할 때 비루함은 생겨나니
먼저 보고 듣는 것부터 삼가 가벼이 말라
마음이라는 기관은 생각이 주인이 되는 것
닿는 곳마다 늘 생각해 망령되이 행동 마라

일곱째 수

　　세상 사람들은 스승과 제자 있음을 모르고
　　지나치게 얕고 경박하게 교유만을 행할 뿐
　　진실로 근원을 가려 섞인 곳 없게 해야지
　　어떻게 가고 옴을 스스로 행할 수 있는가

여덟째 수

　　이 몸뚱이 한 몸엔 삼생32)이 갖춰 있기에
　　은혜와 의리엔 경중을 두어서는 안 된다
　　입설33)의 남은 정을 그대는 아는지 모르는지
　　훌륭하신 분 의지하고 따라 함께 동행해야지

---

32) 삼생 : 불가(佛家)의 용어로, 사람이 태어나는 과거, 현재, 미래, 즉 전생(前生), 현생(現生), 후생(後生)을 가리킨다.
33) 입설 : 원문의 '입설(立雪)'은 제자로서의 예를 잘 갖추고 문하에 들어갔다는 뜻으로, 양시(楊時)가 어느 날 정이(程頤)를 방문했다가, 정이가 명상에 잠겨 앉아 있자, 이에 양시가 문밖에서 선 채 떠나지 않았는데, 정이가 명상에서 깨어났을 때 문밖에 눈이 한 자가 쌓였다고 한다. 전해서 제자의 예를 갖춘다는 뜻으로 쓰인다. 《송사(宋史)》 권428 〈도학열전(道學列傳) 2 양시(楊時)〉 참조.

偶吟 八首 甲午八月八日

其一

經來世味苦甘生　益覺持心莫少輕
擇善執中仁熟後　坦然大路始安行

其二

劬書將老半平生　駒隙光陰正覺輕
未熟餘工何處在　夢魂入夜或浮行

其三

夙夜愼無忝所生　昊天罔極報恩輕
性師具在丹田裡　一一奉來勿自行

其四

誠意從尋一念生　收存莫使分毫輕
此心每有天人別　意慾應知不兩行

其五

道源本自上天生　從識一心用不輕
人慾盡時知敬義　這中天理始流行

其六

一省未時鄙吝生　先從視聽愼無輕
心之管則思爲主　觸處常思勿妄行

其七

世人不識有師生　太向交遊薄且輕
苟擇源頭無錯處　如何來去自爲行

其八

此身一體有三生　恩義終無厚與輕
立雪餘情君識否　依歸前哲與同行

탄식하며 노래함 1954년 12월 15일

천지³⁴⁾ 광음이 한 번 번개처럼 지나가니
그사이 후회와 깨달음이 많지 않음 알겠네
거문고와 책은 이제부터 가장 즐거운 흥취라
고아한 양춘곡³⁵⁾을 이어 스스로 노래하리라

歎吟 甲臘望

四九光陰一電過　其間悔悟覺非多
琴書樂趣從今最　高曲陽春賡自歌

---

34) 천지 : 원문의 '사구(四九)'는 천지를 의미한다. 하도(河圖)의 사방에 합해 있는 것[四方之合]을 쪼개어[析] 건(乾) 곤(坤) 이(離) 감(坎)으로 삼고, 사우의 비어 있는 곳[四隅之空]을 보충[補]해 태(兌) 진(震) 손(巽) 간(艮)으로 삼는다는 주자(朱子)의 설이 있다. 《역학계몽통석(易學啓蒙通釋)》 권상(卷上) 〈하도낙서(河圖洛書)〉 참조.
35) 양춘곡 : 전국 시대 초나라의 고아(高雅)한 가곡으로, 일반적으로 고상하고 아취 있는 곡이나 아름다운 시를 뜻하는 말로 쓰인다. 《악서(樂書)》 권161 〈가 하(歌下)〉 참조.

예탑 즉사 2수

첫째 수

산촌의 따뜻한 기후에 성대한 봄을 부탁하니
꽃다운 교외 만물마다 새로움 점점 보이도다
시의 뜻을 꽃과 나무 속에서 조용히 들어 보니
재잘재잘 새소리가 흥을 돋아 사람 재촉하네

둘째 수

한 기운이 사사로움 없이 봄을 내주니
빼어난 승경에 여기저기에서 새롭구나
도처에서 풍월을 읊으니 모두가 진미요
꽃 찾고 버들 따라 가는 이 참 좋구나

芸榻卽事 二首
其一

山村暖候屬殷春　漸看芳郊物物新
詩意靜聽花樹裡　啾啾喞鳥興催人

其二

一氣無私普及春　煥然景色萬方新
吟風到處摠眞味　好作訪花隨柳人

배움을 걱정함 2수

첫째 수

세도는 어느 시절에 성스러운 임금을 낼까
풍속과 교화를 사문에서 좋게 볼 수 있도다
지극한 다스림 우리 학문으로부터 유래하니
덕과 교화로 세상에 없는 공훈 끝내 이루리라

둘째 수

우리나라는 성스러운 명군을 많이 배출해
오백 년 이래로 문사를 숭상했지
하나의 맥으로 참된 도학은 연원 깊어
넉넉히 남기신 덕 전인의 공훈 외워 본다

憂學 二首

其一

世道那時出聖君　好看風化尙斯文
由來至治從吾學　德教終成不世勳

其二

國朝多出聖明君　五百年來尙右文
一脈源深眞道學　飽來遺德誦前勳

약천서당에서 흥 나는 대로 노래함 3수 1955년 3월 6일

첫째 학문에 뜻을 둠
    선비란 응당 우선시할 것으로 뜻을 세우고
    성인 되길 바란다면 반드시 현인을 사모하라
    처음엔 넓게 글을 알고 끝엔 예법으로 집약해
    행실을 방정하게 지혜는 법도로 완성하라

둘째 몸을 삼감
    이 몸은 다행히 사민[36]보다 앞에 있어
    옛 성현을 기약하기가 참으로 좋구나
    경계하고 삼감은 홀로 조심하는 것이 최고라
    시작할 땐 늘 둥근 하늘 모시듯 삼가라

---

36) 사민 : 홀아비, 홀어미, 고아, 독거노인 등을 말한다. 이 네 부류의 사람은 천하에서 가장 곤궁한 사람이다. 《맹자(孟子)》〈양혜왕 하(梁惠王下)〉참조.

셋째 영재 가르침을 즐거워함

풍취를 내가 지금 홀로 먼저 차지했으니
가슴속으로 매번 주인 어질다는 걸 느끼네
제자가 자리에서 읊은 시를 시험해 봤더니
시구마다 점점이 둥근 진주를 이루었구나37)

藥川塾謾興 三首 乙三六

其一 志学

士當立志以何先　希聖必須自慕賢
始知博文終約禮　行成方處智規圓

其二 敬身

此身幸在四民先　更自好期古聖賢
戒愼無如謹獨裡　臨頭常戴上天圓

其三 樂育

風趣我今獨占先　胸懷每感主人賢

---

37) 시구마다… 이루었구나 : 원문 '해타성주(咳唾成珠)'는 기침과 침이 모두 구슬이 된다는 뜻인데, 지은 시마다 모두 구슬처럼 아름다운 시가 되었다는 뜻이다.

試看諸子吟哦席　咳唾成珠點點圓

술로 장풍[38]이 났는데 붕어탕 한 그릇을 먹고서 큰 효과를 봤기에 절구 한 수를 지어 잊지 못할 마음을 부침 1955년 3월 21일

기질 병약한 이 몸은 병 또한 많아
늘 약물을 찾고 필요할 때가 많네
내 장풍의 피 낫게 한 그대에게 감동했으니
한 자 넘는 가는 비늘이 효과는 참 많구나

酒致腸風 因進鮒魚湯一器 卽見大效 感吟一絶 以寓
不忘之誼 乙窩念一

氣薄此身病且多　尋常藥物所須多
感君瘳我腸風血　盈尺細鱗效必多

---

38) 장풍 : 결핵성 치질이 원인이 되어 똥을 눌 때 피가 나오는 병을 말한다.

사신당[39]에서 기우제를 지냄 1955년 4월 15일, 면민이 추천하는 대표로서 기우제를 지냈다.

백성을 위해 목욕재계하고 단상에 올라가
홀로 대우제 지내며 가뭄 근심을 하소연하네
상림[40]의 천 리에 비가 내리기를 바라니
사방 들판에 동지들과 함께 환호하도다

祠神堂祈雨 乙未四月十五日 以面民推薦代表祈雨
爲民齊沐上壇頭　獨拜大雩訴旱愁
願得桑林千里雨　歡聲四野與同流

---

39) 사신당 : 전남 곡성군 입면 약천리 뒷산에 있다.
40) 상림 : 상나라 성탕(成湯)이 7년 동안 큰 가뭄이 계속되자 흰 수레와 흰 말을 타고 몸에는 흰 띠를 두르고서 자신을 희생(犧牲)으로 삼아, 상림(桑林)의 들에 나가 비를 기원했다.

단비 1955년 5월 17일

가뭄 끝에 단비가 기름처럼 내리니
사방 들판 환호 소리에 우주 높도다
기쁜 마음으로 점쳤더니 늦게 대풍년 있다 해서
나는 술에 취해 감회를 붓으로 휘둘러 본다

喜雨 乙五旬七

旱餘甘雨潤如膏　四野歡聲宇宙高
喜占晚農年大有　我能乘醉感揮毫

한가한 삶

암벽 근처 흰 구름과 함께하는 한가로운 삶
풀잎 옷 명아주 국도 충분히 별미로구나
홀로 책 마주하니 성인과 현이 있어
내 책을 보기 시작한 뒤 즐거움 그지없네

閒居

巖棲閒伴白雲居　衣草羹藜味別餘
獨對卷中賢聖在　囂然樂自我看書

주 부자의 무이도가[41] 운자를 사용해 청송재 시를 지음 1955년 6월 14일

동악은 하늘과 맞닿아 땅 신령을 모으고
약천은 콸콸 마을을 안고 맑게 흐르네
그 안에 청송서당 한 곳이 있어
늘 읽고 암송하느라 소리 끊이지 않도다

첫째 배넘재 저수지
배넘재 저수지 가에 고기잡이배 떠다니고
끊임없이 물 고여 온갖 시내로 들어간다
다리 위에서 낚시 마치고 술을 마시려는데
먼 마을엔 저녁 짓는 연기 엉켜 솟구친다

둘째 안평 용연
갈대숲 변방 북쪽에는 서리봉 마주하고

---

41) 무이도가 : 주희(朱熹)의 〈무이구곡가〉를 가리킨다.

홍곡 안평으로 궁벽진 평야 수용해 주네
콸콸 흐르는 용못이 못 위로 들어오니
모두 수구를 이뤄 겹겹으로 잠갔구나

셋째 약천 지형

양내[42] 지형은 배를 대어 놓은 것 같아
제주도 사람 건너와 몇천 년을 살았네
부암과 배의 노[43]는 지금 어디에 있는가
도도한 세상에 가엾음을 어찌 감당할까

넷째 한림정 느티나무

늘 한림재 위에 있는 바위 사랑했으니
맑은 그늘 둘러싼 검푸른 남산이라
밤이 되자 마음도 차분해질 수 있었고
밝은 달은 천년 동안 석담을 비췄겠지

---

42) 양내 : 약천(藥川)의 마을 속칭이다.
43) 부암과 배의 노 : 은(殷)나라의 고종(高宗)이 부암(傅巖)에서 재상 부열(傅說)을 얻고, 주(周)나라의 문왕(文王)이 위수(渭水) 가에서 태공망(太公望)을 얻은 일을 가리킨다.

다섯째 청송서당

겹겹산과 굽이굽이 강물에 마을은 궁벽해
평야와 숲 가득한 승경과 늘 함께하도다
이곳에서 글 읽으며 경세 공부 연구하니
주인 늙은이 도심을 걱정할 줄 누가 알랴

여섯째 백성이 저수지를 쌓아 올림[44]

백성이 작은 저수지 얻고자 들 물굽이 파니
가을 옴에 벼가 고향 마을에 가득 찼네
세도의 부침을 왜 굳이 물을 필요 있나
산에선 나물, 강에선 고기로 마음 절로 한가로운데

일곱째 약천 냇물

약천을 나는 엄탄[45]에 비유하고 싶은데

---

44) 백성이 저수지를 쌓아 올림 : 여기에서 말하는 저수지는 일제 강점기 때 축조된 전남 곡성군 입면 흑석리 소재 흑석 저수지를 가리킨다. 주위에 형제봉(兄弟峯)·서리봉[霜峯]·마산봉(麻山峯)이 병풍처럼 둘러쳐져 있다.
45) 엄탄 : 원문의 '엄탄(嚴灘)'은 후한(後漢) 때 은사(隱士) 엄광(嚴光)이 부춘산(富春山) 아래 은거하면서 낚시질을 했던 엄릉뢰(嚴陵瀨)의

두 곳이 서로 비슷해 다시 자세히 보았네
삶의 근원 더하려는지 지난밤 비가 내려
흐르는 물소리에 깨었더니 청한함을 알겠구나

여덟째 조탕대 숲

하늘이 명승지 내어 조탕대 열었으니
쭉쭉 뻗은 숲에 냇물 굽이굽이 흐른다
바람은 맑게 흐르는 곳에 많이도 부니
사람들 더위 씻으려 이곳에 올랐구나

아홉째 부처재

한 걸음 한 걸음 힘겹게 올랐더니 눈 트이고
험난한 길 올랐더니 평평한 냇물 보이네
어지럽고 사악한 세상인데도 티끌 없으니
문득 이곳이 인간 세상의 별천지로구나

用朱夫子武夷櫂歌韻 題聽松齋 乙未六旬四

東嶽接天聚地靈 藥川瀧瀧抱村淸

별칭이다.

箇中有一聽松塾　誦讀時時不絶聲

其一 舥岑儲水

舥岑池上泛漁航　萬斛水儲納百川
罷釣橋頭仍換酒　遠村凝起暮炘煙

其二 雁坪龍淵

蘆林塞北對霜峰　鴻谷雁坪關野容
泚泚龍淵池上入　總成水口鎖重重

其三 藥川地形

梁內地形似艤航　濟人渡得幾千年
傅巖舟楫今安在　爲世滔滔堪自憐

其四 翰林亭槐

每愛翰林嶝上巖　清陰圍地碧䕃䕃
宵來兼得靈臺徹　明月千秋照石潭

其五 聽松塾

山疊水回洞僻深　撫時佳景滿平林
讀書此地究經業　誰識主翁憂道心

其六 民得築池

民得小池鑿野灣　秋來穮秲滿鄉關
汙隆世道何須問　山採水漁意自閒

其七 藥川流溪

藥川我欲比巖灘　彷彿斯間更細看
添得生源經夜雨　流聲動枕覺清寒

其八 釣碣臺林

天爲名區釣碣開　高林磊磊水縈回
風生剩得清流國　滌熱人人上此來

其九 佛峙

步步漸登眼豁然　路經險易見平川
紛紜邪世無塵染　却是人間別有天

약천 가는 도중 1955년 7월 8일

문을 나서자 높고 낮은 길 익숙하기도 하지만
동으로도 서로도 갈 수 없음을 나막신만 안다[46]
못의 얼음은 깊은 것도 얕은 것도 있으니
험난하고 위태로운 길을 평지처럼 가리라

藥川道中 乙七八

出門慣熟路高低　信屐不東不以西
存得淵氷深且薄　險蹊危徑盡平堤

---

46) 동으로도… 안다 : 《심경부주(心經附註)》〈한사존성장(閑邪存誠章)〉에 "경은 단지 마음을 전일하게 하는 것이다. 전일하게 하면 동쪽으로 가지도 않고 서쪽으로 가지도 않을 것이니, 이렇게 하면 항상 가운데에만 있게 될 것이요, 이쪽으로 가지도 않고 저쪽으로 가지도 않을 것이니, 이렇게 하면 항상 안에만 있게 될 것이다"라는 정이(程頤)의 말이 보인다.

스스로 힘씀

이미 십 분의 아홉 길 산을 쌓았는데
한 삼태기 더하고 더는 속에 공을 다투네[47]
일이란 시작해야만 끝을 완성할 수 있으니
이 마음으로 도를 모아야 절로 여유 얻으리라

自勉

旣築十分九仞山　功爭一簣減加間
事求謀始成終裡　凝道此心獲自閒

---

47) 이미… 다투네 : 《서경》〈여오(旅獒)〉에 "작은 행실을 삼가지 않으면 마침내 큰 덕에 누가 되어, 마치 아홉 길의 산을 만들 적에 흙 한 삼태기가 부족해 이루지 못하는 것과 같다"라고 했다.

우연히 증점이 자신의 뜻을 말한 일[48]이 생각나 감탄하며 노래함 1955년 12월 4일

부귀를 구함은 피가 마를 것 같은 헛된 근심이라
차라리 하늘의 벼슬을 높이면서 춘추라도 읽으리라
수약[49]하는 증씨의 가법[50]을 알아 따를 것이니
성인 문하에 들어가 그대와 교유하기를 바라네

偶思曾點言志歎吟 소四日

求富徒增渴血愁　寧尊天爵讀春秋

---

48) 증점이… 일 : 증점이 "저문 봄에 봄옷이 이루어지거든 관자 대여섯 명과 동자 예닐곱 명과 함께 기수에서 목욕하고 무우에서 바람을 쐬고 읊조리며 돌아오겠습니다"라고 한 고사를 말한다. 《논어》〈선진〉 참조.

49) 수약(守約) : 밖으로 박학(博學)만 추구하는 것이 아니라 근본적인 이치를 알아서 그 요체를 실천함을 뜻하는 말이다. 《논어》〈위정(爲政)〉 참조.

50) 증씨의 가법 : 증자가 공자의 학통을 잘 계승했음을 말한다. 맹자는 "핵심을 짚어 잘 지켰다[守約]"라고 평했다. 《맹자》〈공손추 상(公孫丑 上)〉 참조.

從知守約曾家法　願入聖門與子遊

동지 1956년

밝은 별 다시 하늘에 돌아옴을 기쁘게 바라보며
사람들은 내년에 풍년이 들 거라 즐거워하네
운물의 글[51]은 기후를 점치는 곳에서 오니
하나의 양이 처음 움직여 만방으로 퍼지리라

冬至 丙申

喜看星昴更回天　樂此人間亞歲年
雲物書來占候處　一陽初動萬方連

---

51) 운물의 글 : 태양 주위에 나타나는 다섯 가지 구름의 색깔로 천재지변을 헤아리던 방법을 말한다. 《주례(周禮)》〈춘관(春官) 보장씨(保章氏)〉 참조.

우연히 노래함 1957년 2월 4일

학문에 뜻을 둔 어느 날 문득 현인을 사모하다
율곡 선생이 가장 먼저 내 머릿속 들어왔네
돌아보니 오늘날 이룬 공부는 별게 없어
두려워 반드시 언젠간 부끄럼 없이 하리라

　내가 열네 살 때 《소학》을 완독한 뒤 문득 어떻게 공부하면 좋을까 생각했으니, 나 또한 옛날 현인이 함께 돌아가는 뜻을 더불어 할 수 있다는 것이었다. 그래서 당시 내 생각에, 율곡 선생은 우리나라에 처음 등장한 위대한 현인이라 여겨 남몰래 사모함이 끝없었다. 그러나 애당초 학문하는 방법을 알지 못한 것은 지도해 주는 이가 없었고 또 《격몽요결》도 읽지 않았기 때문이다. 그사이에 또한 마음을 거두는 공부도 알지 못한 채 다만 외면만 꾸미느라 곧장 자신에게는 해가 되었다. 다행히 《근사록》의 혜산천처럼 맑은 글을 보고는 마침내 마음을 맑게 다스리는 법을 알았기에 거의 아침저녁으로 두려워하고 살펴 다시는 잘못과 후회가 거의 없게 하는 것이 바로 만년의 뜻이기에 반드시 스스로를 깨우쳐 돌아보고 깨우쳐 돌아볼 것이다.

偶吟 丁酉二月四日
志學一朝忽慕賢　栗翁入我念頭先

回看今日成功薄 惕若必無愧暮年

余十四歲時, 讀了小學, 忽發做功如何, 則我亦可與古賢同歸之意. 而時自念, 栗谷爲東邦初出之大賢, 竊常期慕不已. 然初不知爲學之方者, 由無指導, 且不讀《要訣》故也. 其間又不知收心工夫, 但飭外面, 仍作身疾. 幸看近思錄惠山泉文, 始識澄治之法, 庶幾日夜惕若省勅, 使無復尤悔者, 是晚暮之意也, 必自警省警省.

고달픈 장마 1957년 7월 6일

늦장마가 내릴 줄만 알고 갤 줄 모르니
어젯밤 순강52)은 또 물이 불어났구나
곡식에 해롭다는 나쁜 징조 말하지 마라
하늘은 밝게 비춰 주는 마음 따로 두었으니53)

苦霖 丁七六

老霖解作不知晴　昨夜鶉江又水生
莫道咎徵反害穀　上天別有照臨情

---

52) 순강 : 섬진강의 별칭이다.
53) 하늘은… 두었으니 : 하늘에서 상제가 공정한 눈으로 인간 세상을 환히 보고 있다는 뜻이다. 《시경(詩經)》〈패풍(邶風) 일월(日月)〉

가르치는 감회 1957년 7월 23일

길러 주는 성인의 가르침 책 안에 있으니
이것이 영재 만난 즐거움이란 걸 알겠구나
도를 들음에 더디고 빠름 이상하다 생각지 마라
진실을 밝게 한다면 끝내 같아 통할 것이니

戱感 丁七念三
養來聖種在書中　認是英才樂必逢
聞道莫嫌遲速異　明誠終有一般通

4월에 비바람과 우레가 많아 힘들기에 씀 1960년

심한 비와 빠른 우레에 또 질풍까지
높은 하늘은 노여운 뜻을 말없이 보낸다
보리 이삭 겹겹이 다 쓰러짐을 보았더니
촌뜨기 늙은이의 걱정은 또한 서로 같구나

四月苦多風雨雷震感吟 庚子

甚迅雨雷又疾風　敬天怒意不言中
旋看麥秀重盡偃　田舍翁憂也相同

초가을 경치를 노래함 1960년 7월 3일

비 개고 바람 시원하니 맑은 기운 재촉하고
매미 소리와 오동나무 잎은 가을 옴을 알리네
새롭게 서늘해져 책 보는 재미 더해 주고
쇄연한 기운 생겨 소매 먼지를 털어 내네

初秋卽景 庚子七三
雨霽風淸淑氣催　蟬聲梧葉報秋來
新凉添我看書味　作氣灑然袖拂埃

금산 마을에서 즉시 지음 1962년 2월 13일

동천이 특별히 열려 경치는 두루 아름답고
세상 피해 저자와 조정 멀어짐도 싫지 않구나
느티나무는 도랑 앞에서 옛길을 다스리고
농부는 돌 매질해서 조그만 다리 만들었네

金山村居卽事 壬寅二月十三日
洞天別坼景偏饒　遁世不嫌遠市朝
槐木渠頭治故道　野人鞭石小成橋

예양서사 제생에게 면학에 대해 노래함

꽃다운 나이 정녕 좋은 청춘이라
경서 배워 명철한 사람 되길 바라노라
학업 완성이란 법도가 정해져 있기에
반드시 옛것을 익혀 새것을 알아라

詠勉禮陽書舍諸生
芳年正値好靑春 爲祝學經做哲人
成業由來規有定 須從溫故日知新

모년의 감회를 읊음 1990년 10월 23일

성은 하늘이요 마음은 땅이라 위치 바뀜 없어
학문하는 참된 공부를 나는 늦게나마 깨달았네
심성의 높고 낮음은 이곳에서 분별되니
성은 스승이요 마음은 제자라 스승의 훌륭함 알겠네

耄年感吟 庚午陽念三
性天心地位无易　爲學工眞余晩覺
心性尊卑於此別　性師心弟知先卓

옥매를 읊음 1991년 3월 13일

절기가 곡우 되어 옥매가 피어나니
가지마다 봄을 희롱하며 아름다움 다투네
탱자나무 울타리엔 동시에 풀도 피고
동산 가득 승경에 눈길 재촉하는구나

詠玉梅 辛未三月十三日

節當穀雨玉梅開　朶朶弄春競侈皚
枳棘立藩同發卉　滿園景趣觸眸催

1992년 설날 아침 한가롭게 노래함

절기가 설날 아침이라 하늘 맑게 개어
비 내린 후 갠 하늘빛 문득 새롭고 맑네
아들 손자들 와서 나의 건강을 축원하고
한가롭게 앉아 경서 궁구하니 마음 절로 평안하다

壬申元朝閒吟

節屆元朝日氣晴　雨餘霽色覺新淸
兒孫來祝余康健　閒坐窮經意自平

외로운 제비를 슬퍼함 1992년 6월 7일

하루는 심술궂은 고양이가 위로 뛰어올라 알을 품고 있는 제비 및 새끼와 알을 참혹하게 약탈하고 또 둥지를 망가트렸다. 담 뒤에 수제비가 늘 둥지를 향해 슬피 울어 대니 이 또한 참기 어려운 일이다.

짝을 잃었기에 자기의 슬픔 이기지 못하고
때마다 서가에 올라가 둥지 향해 슬피 우네
이 마음을 아파하는 것도 천성이 그러하니
시 한 수 지어 위로하는 말을 대신하노라

弔孤燕 壬六七
一宵 惡猫超上 酷奪伏燕及雛卵, 且毁巢. 垣後牡燕, 常自向巢悲鳴, 是亦不忍者也.

失侶不勝獨自悲 時棲架上向巢啼
感傷此意因天性 爲作一詩代慰辭

동암[54]이 준 약이 고맙기에 1992년 6월 6일

병에 맞는 약을 감사히 보내 주셨기에
병 뿌리를 뽑아 위산 치료할 수 있었다네
일생 지나온 일 스스로 되돌아봤더니
그대의 인과 지혜로 인해 내 앎이 성장했네

賀謝東巖饋藥 壬申六月六日

饋來藥餌病相宜 治得胃酸拔根抵
自顧一生經歷事 賴君仁智致吾知

---

54) 동암 : 전주시 덕진구 경원동 소재 동아당한약방(東亞堂韓藥房) 원장 양복규(楊福圭)의 호다. 현재 동암고등학교 이사장으로 있다.

하현[55] 군이 도산주법으로 4년을 담가 빚어 나의 장수를 빌어 주니 고마워서 읊음 1992년 6월 11일

구기자와 숙지와 산약으로 술을 담가
조금씩 마시다 보면 참된 기운 생긴다네
신선의 맛 안 이후로 정성껏 술 빚으니
고인의 유풍과 덕이 새 술동이에 가득하다네

천정은 구기자다. 지수는 숙지황이다. 옥연은 산약이다. 전해 오는 말에 이 세 가지 약초를 물을 끓여 술을 빚어 해가 묵은 후 매일 조금씩 마시면, 연명해 더욱 장수할 수 있다고 했다.

河君顯 擬陶山酒法 蓄釀四載 爲余祝壽感吟 壬申六月旬一日

天精地髓玉延醇　咬得淺斟養氣眞
仙味從知誠意釀　故人風德滿樽新

天精, 枸杞也. 地髓, 熟芐也. 玉延, 山藥也. 傳說, 以此三藥, 水煎釀酒, 積歲後, 每日少飮, 則延年益壽云.

---

55) 하현(河顯) : 전북 익산시 소재 전북서예학원장(全北書藝學院長)을 가리킨다.

강릉행 차 속에서 한광석을 만나 1990년 4월 5일
한광석은 속초에 살았는데 당시 성균관 전의를 맡고 있다고 했다.

특별한 인연 이날 우연히 이루어지니
녹음 짙은 나무에 꾀꼬리 울음은 벗을 부르는 소리라
함께 관동의 명승지를 지나니
산 가득 곳곳엔 늦게 핀 꽃 가득하다

江陵行車中 逢韓光錫吟 庚午四月五日

韓居束草 時爲成均館典儀云.

奇緣此日偶然成　綠樹鶯啼喚友聲
同過關東名勝地　山山處處晚花明

산중 여름날 즉시 노래함 1952년

상쾌한 바람과 비를 남쪽으로부터 보내니
비췻빛으로 산을 감싸 문득 아지랑이 이루네
숲 집엔 봄여름에 없는 경치 뛰어나고
꽃 섬돌엔 연분홍빛 두세 송이가 피었구나
시서를 힘써 강론함은 참다운 성인의 공부요
의리를 밝게 함은 정말 훌륭한 사내장부라
온 하늘에서 내리는 단비는 농가의 은택이니
좋은 싹에 젖을 주고 또 연못마저 채우는구나

山中 夏日卽事 壬辰

吹雨爽風送自南　繞山彩翠忽成嵐
林棲勝景無春夏　花砌殘紅發二三
勉講詩書眞聖業　明來義理好斯男
一天甘霂田家澤　乳我嘉苗更滿潭

광복절 1952년

천운이 우리 대한민국에 끊이지 않아
끝없는 역수가 하늘과 더불어 같구나
푸른 무궁화 강산 산하도 푸르고
밝은 한성에는 해와 달도 밝다네
수많은 사내들 나라 은혜에 보답했고
무수한 사녀들 각각 공적을 이루었다네
문명과 세도가 지금부터 장차 이루어지리니
광복이 된 지도 어느덧 여덟 해가 되었네

光復節 壬辰

運祚綿綿我大東　無疆曆數與天同
靑靑槿域山河碧　赫赫漢城日月紅
幾箇男兒能報國　許多士女各成功
文明世道今將到　光復此辰八載逢

스스로 반성[56] 1952년 8월 16일

명철하신 상제께서 내 마음을 내려 주사
혼연한 본체가 깊은 못을 갖추었도다
존심이 이르는 곳에 인은 늘 있고[57]
학업을 완성할 때 덕이 바로 채워지네
성의에 들어 적이 될까 마음을 경계하고
좋은 마음 내어 싸움 일으킬까 말을 살펴라
유자의 참다운 맥으로 오직 이를 궁구한다면
사람들 모두 상천에 이르러 세상 영웅이라 하네

의(意)는 마음이 동요되어 사악한 생각이 하나라도 있게 된다면 스스로 악을 행하는 근원이 되며 몸의 큰 적이 되니, 모름지기 스스로 하

---

56) 스스로 반성 : 공자(孔子)가 "어진 이를 보거든 그와 똑같이 되기를 생각하고, 어질지 못한 이를 보거든 스스로 반성해야 한다(見賢思齊焉, 見不賢而內自省也)"라고 한 데서 온 말이다. 《논어》〈이인(里仁)〉 참조.

57) 존심이… 있고 : 《맹자》〈이루 하(離婁下)〉에 "군자가 보통 사람과 다른 점은 그 마음에 간직하고 있는 것 때문이다. 군자는 언제나 인의 도리를 마음에 간직하고 예법을 마음에 간직한다(君子所以異於人者, 以其存心也. 君子以仁存心, 以禮存心)"라는 말이 나온다.

나하나 경계하고 살펴야 하는 것이다.

　自省 壬辰 八月 十六日
　上帝明明降我衷　渾然本體具淵沖
　存心到處仁常在　成業當時德乃充
　戒意入誠與爲賊　察言出好又興戎
　斯文眞脉惟究此　上達人人命世雄
　意是心之動, 處邪思一念, 卽自爲惡之源, 是爲身之大賊, 須自一一戒省者也.

가을날 감회

농가의 일 힘써 거두니 풍년의 해 즐거워하고
이 안에서 세상의 흥기를 물을 것도 없다네
늦은 배움에 세심하게 힘쓰니 성의는 더욱 간절하고
새 시 짓는 과업을 정했으나 구절 정밀하지 못하구나
분수를 편히 여기니 평안한 경지 스스로 이루고
말을 가리니 시비를 뭣 하러 걱정하겠는가
마음을 붙잡아 날마다 살핀다면 진실로 공업은 크기에
오래도록 이치 관통하고 있음을 거의 볼 수 있다네

秋日書感

力穡田家樂歲豊　此中無問世汚隆
勵精晩學誠尤切　立課新詩句未工
安分自成平易域　擇言何患是非叢
操存日省眞功大　久久庶看理貫通

순산의 멋진 흥취 1953년

우뚝 선 설악산은 우리나라의 진산이라
사수가 흐르는 물가의 성인 마을과 같구나
요곡의 바람과 안개가 골짝에서 나오고
순산의 해와 달은 절로 하늘 정중앙에
늦은 비췻빛 띤 소나무 싱싱한 빛 더하고
봄마음을 얻은 매화나무 옥용처럼 웃도다
이곳에 은거[58]하면서 편히 쉬고 먹다 보니
나가고 숨는 것 나로부터라 즐거움 끝없구나

舜山逸興 癸巳

巖巖雪岳鎭吾東　泗水流濱聖域同
堯谷風煙生壑裡　舜山日月自天中
松含晚翠添新色　梅得春情笑玉容
卜此考槃安息食　行藏由己樂無窮

---

[58] 은거 : 원문의 '고반(考槃)'은 은거를 의미한다. 《시경(詩經)》〈위풍(衛風) 고반(考槃)〉 참조.

봄날 야유회 1953년 3월 11일

건곤의 살려는 뜻은 봄의 얼굴을 빌렸으니
옥 같은 풀과 빼어난 꽃이 푸르고 붉도다
담담한 경치에 가는 곳마다 아름답고
더딘 햇빛 밝기는 늘 한결같구나
산 숲은 이내와 노을 안에서 승경 드러내고
들보리는 비와 이슬 맞고 차츰 자라도다
시의 흥취 이 안에 많아 술로까지 이어지니
이곳에 온 사람들 모두가 영웅호걸이로구나

遊春 癸巳 三月十一日

乾坤生意借春容　瑤草奇花碧與紅
淡淡風光隨處美　遲遲日色照輝同
林巒秀出煙霞裡　野麥漸長雨露中
詩興間多因酒發　人人到此盡豪雄

스승을 구하는 설 2수. 같은 날에 지음

상천은 만고의 말이 없는 성인의 스승이요, 성인은 만고의 말이 있는 하늘의 스승이라.

첫째 수

옛날부터 학문 연원은 스승 얻음을 귀히 여기니
어찌 후학들은 스승을 구하지 않는단 말인가
그대에게 묻노니 혹시 스승 구하는 방법 아는가
스승은 하늘의 스승과 성인의 스승이 있다네
엄숙한 하늘의 스승은 다만 하늘에 있어
성인의 스승은 법을 세워 하늘의 스승 대신한다네
성인의 스승도 때로는 구하기 어려우니
하늘의 스승을 생각하며 성인의 스승을 모셔라

둘째 수

다시 묻노니 하늘의 스승 어디서 찾을까
경전 속 성인의 스승은 모두 하늘의 스승이라
하늘의 스승을 또한 이 경전 안에서 구한다면
마침내 하늘의 스승과 성인의 스승 알리라
모든 성인이 경전을 남겨 만고에 전했으니

우리가 지금 세상에 스승 없다고 걱정 마라
천운이 천하명이의 날을 당했으나[59]
조금이라도 스승을 가리는 건 좋은 일이라

求師說 二首 소日

上天爲萬古無言之聖師, 聖人爲萬古有言之天師.

其一

自古淵源貴得師　如何後學不求師
問君倘識求師法　師有天師與聖師
穆穆天師但在上　聖師立極代天師
聖師時或難求處　好戴天師作聖師

其二

更問天師何處覓　聖師經裡盡天師
天師還是求經裡　始識天師與聖師
千聖遺經傳萬古　我今不患世無師

---

[59] 천운(天運)이… 당했으나 : 지화명이(地火明夷)에, "암흑시대는 괴로우나, 마음을 곧고 바르게 가져야 이롭다" 했는데, 이 괘는 불 또는 해가 땅 밑으로 들어간 상(象)으로서, 이때의 사람들은 생활이 곤란하나, 각각 자기의 마음을 바르게 가져야 이롭다고 했다. 《주역(周易)》 〈명이괘(明夷卦)〉 참조.

運當天下明夷日　正好早年自擇師

따뜻한 겨울 1953년 12월 17일

절기가 대한인데도 기온은 봄날과 같아
시골에 동상 걱정하는 사람 보질 못했네
마구간엔 소와 말 위축된 것 여전히 없고
바닷가엔 기러기가 손님 보내는 것 더디다
냇가에 솜버들 떨어도 풍류는 따뜻하고
높은 소나무에 눈이 쌓여 계절 빛 새롭구나
등에 햇볕 쪼이며 임금에게 아뢰는 일[60] 언제 할까
글을 읽어도 나는 절로 나이고 자주 시를 짓노라

冬暖 癸臘旬七

大寒時節氣如春　野邑不看患瘵人
皁櫪尙無牛馬蜎　海門遲送雁鴻賓

---

60) 등에… 일 : 춘추 시대 어떤 촌사람이 떨어진 옷으로 겨울을 지내다가 따뜻한 봄날을 맞이해 하루는 햇볕에 등을 쪼이니 매우 즐거운 마음이 들어 자기 아내에게 이렇게 좋은 것을 아는 사람이 없으니, 이 법을 우리 임금에게 아뢰면 큰 상을 받을 것이라고 했다. 《열자(列子)》〈양주(楊朱)〉 참조.

拂溪絮柳風流暖　立雪高松歲色新
炙背獻君何日事　讀書我自賦詩頻

단오에 우연히 노래함 1954년

오월61)이라 이날은 정말 좋은 때이니
온 나라 풍류는 해를 즐기는 사람들뿐
유하62)에 드는 시절에 꽃과 나무 늦고
맥추63)에 이르는 곳마다 들빛 새롭구나
푸른 떡64) 속에는 조화가 기가 막혀
흰 술동이 기울여 술잔 자주 권하네
난초 목욕65)에 장명루66) 사랑하니

---

61) 오월 : 원문 '유빈(蕤賓)'은 음력 5월을 가리킨다.
62) 유하 : 음력 5월을 가리킨다.
63) 맥추 : 보리가 익는 계절이라는 말로, 음력 4, 5월을 가리킨다.
64) 푸른 떡 : 찹쌀가루를 반죽해 송편처럼 만들어 기름에 지진 떡을 말한다. 전국 시대 때 초(楚)나라 굴원(屈原)이 5월 5일 강에 빠져 죽었는데, 사람들이 이날 통종 떡을 강에 던져 넣어 굴원에게 제사 지냈다고 했다. 《본초강목(本草綱目)》 곡(穀)4 참조.
65) 난초 목욕 : 마음가짐이 매우 경건하고 고결함을 의미한다. 《초사(楚辭)》 〈구가(九歌) 운중군(雲中君)〉 참조.
66) 장명루 : 중국에서 단오(端午)에 복을 기원하고 재앙을 면하게 해 달라는 뜻에서 팔에 매던 오색실을 가리키며, 채사(彩絲)라고도 했다. 《형초세시기(荊楚歲時記)》 참조.

하늘에 바라네 저를 위해 병진 물리치길

端午偶吟 甲午

虉賓此日屬令辰　通國風流樂歲人
榴夏入時花樹晚　麥秋到處野光新
裹靑粽裡調和美　傾白樽頭勸酬頻
可愛浴蘭長命縷　願天爲我辟兵塵

칠석 1954년

아름다운 절기 빼어난 풍광은 칠월[67]이라
가을바람[68] 잠깐 불더니 가을임을 알리네
성긴 숲속에는 매미 우는 소리 가득하고
푸른 들판에는 벼 익어 푸르기만 하구나
해를 향해 책 말리는 남자의 일 끝이 나고
수를 놓아 기교 부리는 여인의 일이 마치네
오작교 은하수는 진실로 이뤄졌는지 안 그런지
두 별[69]은 별회의 근심을 부질없이 말한다네

七夕 甲午

佳節景光大火流　金風乍動報淸秋
蟬絃烈烈疎林裡　稻葉靑靑碧野頭

---

67) 칠월(七月) : 원문의 '대화(大火)'는 '대화심성(大火心星)'을 말하는데, 이 별이 서쪽으로 내려가면 더위가 가고 가을이 오기 시작한다고 한다. 《시경》〈칠월(七月)〉 참조.
68) 가을바람 : 원문의 '금풍(金風)'은 가을바람을 말한다.
69) 두 별 : 견우성과 직녀성을 가리킨다.

向日曝書男事畢　線針乞巧女工收
鵲橋河畔眞成否　謾道雙星別會愁

스스로 경계함 1955년 3월 8일

복고[70]가 하나도 없음에 나 자신 부끄럽고
상자 속 가득한 책 없어져도 알지 못한다네
발끈하면 오히려 어리석은 생각을 펼친 것
깊이 생각하면 자연히 이치의 근원 통한 것
조심조심 살펴 진실의 법을 간직하고
독실하게 쌓아 성인의 공업 성취하리
맑은 밤기운으로써 평조의 기운[71] 얻는다면
훌륭하신 옛날 성인처럼 우산의 나무[72] 보리라

自警 乙三八

愧余腹稿卽空空 不識亡書滿篋中

---

70) 복고(腹稿) : 마음속 시 주머니라는 뜻으로 뱃속에 시가 가득함을 말한다. 《유양잡조(酉陽雜俎)》〈어자(語資)〉참조.
71) 평조의 기운 : 사물과 접하지 않은 상태의 맑은 기운을 뜻한다. 《맹자》〈고자 상(告子上)〉참조.
72) 우산의 나무 : 본연(本然)의 마음을 우산(牛山)의 초목에 빗댄 것이다. 《맹자》〈고자 상〉참조.

悖悖猶多癡意發　怦怦自道理源通
兢兢顧諟存誠法　慥慥綢繆作聖功
養得平朝清夜氣　牛山木看美前同

상금서당 삼불등에서 화전놀이 1955년 윤달 15일

온 푸름이 총총한 사방 들녘의 석양
이즈음 봄 술은 더욱 달콤하구나
산에 오름에 구양수의 취미[73]를 체득하고
바람 쐬고 읊음에 공자 문하[74]를 따라 본다네
버들 따라올 때 지저귀는 새소리 들리고
숲에 들어가 찾는 곳엔 기이한 꽃들 보이네
이 화전놀이 영원히 아름답게 기억될 것이니
하룻날의 좋은 모임에 즐거움 또 추가되네

당시 입산 김재옥이 상금서당에 지내고 있었는데, 지산 조병권이

---

73) 산에… 취미 : 중국 송나라 구양수(歐陽脩)는 〈취옹정기(醉翁亭記)〉에서, "저주를 빙 둘러싼 것은 모두 산이다(環滁皆山也)"라고 하며 산수를 찬탄한 바 있다.
74) 바람… 문하 : 공자의 제자 증점(曾點)이 "늦은 봄에 봄옷이 만들어지면 관을 쓴 벗 대여섯 명과 아이들 예닐곱 명을 데리고 기수에 가서 목욕을 하고 기우제 드리는 곳에서 바람을 쏘인 뒤에 노래하며 돌아오겠다(暮春者 春服旣成 冠者五六人 童子六七人 浴乎沂 風乎舞雩 詠而歸)"라고 자신의 뜻을 밝히자, 공자가 감탄하며 허여한 내용이 《논어》〈선진(先進)〉에 나온다.

학정 윤호섭, 녹초 김석로, 난포 김재우 및 나, 그리고 약천 박동근을 초청해 모두 오송 조병두의 어머니상을 조문했으나 다만 조문객을 차례대로 맞았기에 우린 별탑에 머물렀다.

上金塾花煎 遊三佛嶝 乙扐旬五
萬綠蔥蔥四野斜　際玆春酒更磨沙
登臨參得歐陽趣　風詠期從孔氏家
隨柳來時聞巧鳥　投林覓處矚奇花
此遊將作千秋美　一日昇平樂別加

時金立山在玉居塾, 而芝山曺秉權, 招請尹鶴汀浩燮, 金麓樵錫魯, 金蘭圃在宇及余, 而朴藥泉東根, 偕參曺五松秉斗方居憂, 但以待客次來處別榻.

복날 바로 노래함 1955년 6월 그믐

백학선은 옥잠화의 별명이다.

긴 여름날 숲속 책상에서 읊조리고 소요하니
녹음 짙게 깔린 곳 깨끗한 풍광만이 가득하네
자장화는 피어 하늘 우뚝 서 있고
백학선은 피어 옥 향기 띠며 피었다네
화기의 지극한 행태에 더위의 혹독함 퍼지고
따뜻한 바람 때로 부니 조금 시원함을 알도다
더위 피하려고 바둑과 술 마신다 말하지만
지금 나는 책을 펴고 시골집에서 독서한다

伏日卽事 乙六末日

白鶴仙 玉簪花別名.

林榻吟消夏日長　綠陰密處鎭淸光
紫葳花發凌霄立　白鶴仙開鑿玉香
丙火極威方酷熱　溫風時到覺微凉
由來避暑稱棊酒　今我將書讀野堂

객지에서 칠석을 맞이함

숲 가득 매미 울음 귀에 들어와 맴돌고
조용히 사물의 본성 듣자니 절로 즐겁다
예년과 같은 좋은 절기 오늘 밤 칭찬하고
풍년의 풍류를 온 세상과 함께 나누네
견우와 직녀는 하늘 끝 은하수 건너가고
오동나무와 우물가 맑은 가을 알려 주네
책을 말리는 특이한 행동은 앞사람 일이니
이로써 시 지으며 나그네는 수심 잊네

客中七夕

攪樹蟬聲入耳浮　靜聽物性自由由
例年佳節稱今夕　樂歲風流共九州
牛女天邊渡銀漢　梧桐井上報淸秋
晒書奇作前人事　將此裁詩忘客愁

중원절[75] 바로 지음 1955년

찬 매미 숲에서 우니 절로 가을을 노래하고
만물이 장차 완성됨을 가을 신[76]은 알려 주네.
이슬 내리니 특별히 어진 이의 감회 생기고
벼가 익으니 농부의 수심은 사라질 만하다
보통의 맑은 빛에 하늘은 물처럼 이어지고
특별한 평소 회포에 나그네는 누정 노래한다
다시 푸른 등[77] 짝하며 점점 자리와 가깝게 하니
귀뚜라미 울음소리가 평상 끝에서 들려오도다

中元節卽事 乙未

寒蟬鳴樹自吟秋 萬物將成報蓐收

---

75) 중원절 : 음력 7월 15일을 말한다. 이날을 중원절(中元節), 또는 백중절(百中節)이라고도 한다.
76) 가을 신 : 원문 '욕수(蓐收)'는 고대 전설 속에 나오는 서방(西方)의 신(神)으로, 가을을 주관한다. 《예기(禮記)》〈월령(月令)〉 참조.
77) 푸른 등 : 원문 '청등(靑燈)'은 황권청등(黃卷靑燈)의 준말로, 청빈한 삶을 살며 학문에 열중하는 것을 말한다.

露降別生仁子感　禾登可解野人愁
一般清色天連水　特別素懷客詠樓
更伴青燈漸親席　蛩音唧唧聽床頭

배우기에 힘씀

제일가는 풍류인으로 누구를 꼽을까
글을 읽는 이땐 곱절이나 빛이 나네
사문은 부지런함을 근본으로 삼아 왔기에
배우고 또 완성됨 없는 자 예로부터 드무네
물은 반드시 웅덩이 채워야 하니 보는 방법 있고
새는 때때로 잘 익혀 다시 날아갈 수 있는 법
공부란 진실로 인을 편안히 여기는 곳에 이르러야 하니
공맹의 유풍 영원히 의지하기를 바라노라

勉學

第一流人屈指誰　讀書此際倍光輝
斯文本可從勤得　學又無成自古稀
水必盈科觀有術　鳥能時習識還飛
工夫苟到安仁地　孔孟遺風願永依

스스로 힘씀

마음을 엄숙히 가라앉히고 신명을 마주하며
정성과 공경의 마음 가지니 온갖 감회 생겨나네
매년 밭 갈고 글 읽으며 참된 학업 완성하면
훗날 업적과 공훈은 헛된 명성 피하리라
어버이 은혜 갚을 길 없어 항상 죄인 되고
스승의 가르침 잇지 못함이 가장 두려울 만하네
성현의 덕은 시종 천지의 큼과 같아
하나의 이치로 순환하는 사시의 운행이라

自勉

潛心肅若對神明 誠敬將來百感生
耕讀當年成實業 事功異日避虛名
親恩無報常爲罪 師訓未承最可驚
聖德終如天地大 循環一理四時行

옥산사 옥과의 유월파[78)]의 사당이다.

빛나는 충성과 높은 의리를 산처럼 우러러보며
특별히 사당을 설립해 한 칸 독립시켰다네
빛나고 영험한 혼령들 응당 절로 이르고
문채 나는 인재들 서로 돌아오니 좋구나
가변[79)] 가지런하고[80)] 제물[81)] 깨끗하며

---

78) 유월파 : '월파(月波)'는 유팽로(柳彭老, ?~1592)의 호다. 자는 형숙(亨叔)·군수(君壽)다. 조선 중기의 의병장으로 1579년(선조 12) 진사시에 합격하고, 1588년 식년 문과에 을과로 급제했으나 벼슬에 뜻을 두지 않고 옥과현에서 살았다. 1592년 임진왜란이 일어나자 양대박(梁大樸)·안영(安瑛) 등과 함께 궐기해, 피난민 500명과 가동(家僮) 100여 명을 이끌고 담양에서 고경명의 군사와 합세했다. 여기에서 고경명이 의병대장으로 추대되었는데, 그는 고경명 휘하의 종사(從事)가 되었다. 당시에 기호 지방에 돌린 격문을 지었는데, 그 격문이 《정기록(正氣錄)》에 실려 있다.
79) 가변 : 제(祭)를 지낼 때 초헌(初獻)이 올린 음식을 시동(尸童)이 맛본 다음, 아헌(亞獻)이 다시 올리는 음식을 가리킨다.
80) 가지런하고 : 원문 '유초(有楚)'는 변두유초(籩豆有楚)의 준말로, 가지런하다는 뜻이다. 《시경》〈빈지초연(賓之初筵)〉 참조.
81) 제물 : 원문 '빈번(蘋蘩)'은 마름과 흰 쑥이라는 뜻인데, 옛날에 제

집례가 분명하니 제사 지내는 일 한가롭네
매년 공열의 위대함을 송축하니
풍모와 명성이 백세에 고을 가득하리라

玉山祠 玉果 柳月坡

炳忠高義仰如山　特設祠堂獨一間
赫赫英靈應自格　彬彬多士好相還
加籩有楚蘋蘩潔　執禮分明祀事閒
頌祝當年功烈大　風聲百世動鄉關

사 지낼 적에는 이것을 썼기 때문에 제수(祭需)를 정성스럽게 마련해 제사 지내는 것을 말한다. 《시경》 〈채빈(采蘋)〉 참조.

독서 감회 1955년 9월 5일

육경의 도리는 모두 끝이 없으나
요컨대 인심을 얻고 공명정대한 것이라
삼극 안에서 천지에 선을 가리고
오륜 속에서 모든 행동에 몸을 세운다면
황홀한 모든 이들 미신은 사라질 테고
광명한 한 점이 큰 근원으로 통할 것이라
하늘에 빌고 성인을 사모해 함께 돌아가는 날
능히 훗날 세상에 다시없을 공업 이룩하리라

讀書感懷 乙九五

六經道理儘無窮　要得人心正且公
擇善兩間三極裡　立身百行五倫中
怳惚千家迷信熄　光明一點大源通
希天慕聖同歸日　能作異時不世功

천성 회복을 생각함

그 처음 천성을 주셔서 이 몸에 있으니
호연한 몸은 건곤과 짝을 이루도다
지성은 끝내 삼재의 주인이 될 것이며
독경은 곧장 모든 일의 근본이 되리라
마음속으로 춘추의 의리를 밝히고
책 안에 뜻과 과업으로 경륜을 묵혀라
성인의 업적을 공부함에 어디부터 논할까
자신을 이기면 곧장 예를 회복하는 사람 되리

思復性

賦性厥初有此身　浩然本體配乾坤
至誠終是三才主　篤敬乃爲百事根
肚裡春秋明義理　卷中志業老經綸
聖功下手論何處　克己則時復禮人

분발해 힘씀

귀와 눈이 총명해 이 몸에 갖춰져 있으니
책을 가슴에 품은 나에게 어찌 가난하다 하겠는가
심신을 절로 풀어놓으면 안으로는 마음을 속인 것이요
명실을 크게 부풀리면 밖으로 사람들에게 부끄럽다
평소 구태 버리지 못하면 악행이 맥에 머무르고
조금이라도 교만하고 나태하면 병이 뿌리에 생기네
오늘날 시에 적은 이야기를 하늘에 맹세하리니
반백 년 남은 삶을 헛되이 보내지는 않으리라

奮勵

耳目聰明具體身　如何書腹獨爲貧
心神自放中欺意　名實大浮外愧人
平昔因循惡留脉　分毫驕惰病生根
誓天今日陳辭義　莫送餘年半百春

나라 근심

굳건한 성에 오랜 나라 바로 우리나라이니
문명을 상천의 하느님으로부터 받은 것이라
무궁한 정치는 당우의 은택을 받은 것이요
만고의 도를 높임은 공맹의 유풍이라네
백성을 사랑하고 길렀으니 부귀함을 보고
어진 선비를 양성했으니 유림을 만드셨네
천하 다스리는 일에만 특별히 삼가야지
구차히 전쟁이나 하는 일개 짓은 하지 마라

邦憂

金湯舊邦擅我東　文明受自上天翁
無窮政洽唐虞澤　萬古道尊孔孟風
愛育黎民看富庶　養成賢士作儒叢
謹玆特告治平客　莫使區區事射筒

약천서당 잡영

마음은 반드시 곧게 해 굽어서는 안 되며
하늘의 때에 경(敬)을 걱정하면 이겨 내지 못함 없다네[82]
책 상자는 만 종의 녹을 수용할 수 있으며
벼루밭은 백 년의 가을을 밭 갈고 수확하지
진흙 소는 밭에 나가 새 섣달을 맞이하고
바다 기러기는 해를 따라 옛 고향을 향하네
빠르기만 한 시간은 세모를 재촉하지만
청송루[83]에 한가롭게 누워 시를 짓는다

藥川塾雜詠

心要必直莫如鉤　憂敬天時鮮不浮
書籠收容萬鍾祿　硯田耕獲百年秋

---

82) 하늘의… 없다네 : 《서경》〈반경(盤庚)〉에 이르기를 "천시의 재변이 있어도 그것을 이겨 내지 못하는 경우가 드물었다(鮮以不浮于天時)"라고 했다.
83) 청송루 : 여기에서는 약천숙(藥川塾)의 청송재(聽松齋)를 가리킨다.

土牛出野迎新臘　海雁隨陽向古洲
汲汲光陰催歲暮　賦詩閒臥聽松樓

금산서사 1957년 7월 12일

궁벽한 마을 모래톱 감싸 별천지라
순산의 경색은 바람과 이내가 좋구나
순자강 물고기 뛰니 고깃배 멀어지고
논에는 벼 익으니 올해도 풍년이구나
미수에 가는 구름으로 세상의 권태를 잊고
옥계에 쏟아지는 폭포로 마음 씻고 돌아오네
몰래 와서 금화의 취미를 최근 얻었으니
몸을 숨겨 글 읽고 전하는 일이 제격이구나

金山書舍 丁酉七旬二

洞僻砂回別有天　舜山景色好風烟
鶉江魚躍漁艇遠　水野稻登樂歲連
薇峀歸雲忘世倦　玉溪流瀑洗心還
隱來比得金華趣　端合藏身讀且傳

금재 선생의 만사를 짓고 곡함

천년의 우리 동방엔 성학이 융성하니
예로부터 도통은 이어 주고 열어 주었지
석담 연원의 맥이 화도로 돌아갔으니[84]
이와 기의 여러 논의는 정종을 얻었다네
아 하늘 또한 선생의 뜻을 풀어놓으셨기에
세상을 위해 특별히 사악함 막는 일에 몰두하셨네
지금 갑자기 태산이 무너져[85] 계절 또한 처참하고
옥류동[86] 바람에 눈을 감고 눈물 훔친다

哭挽欽齋先生

千載我東聖學隆　自來道統繼開同

---

84) 석담… 돌아갔으니 : 석담(石潭)은 이이(李珥)를, 화도(花島)는 전우(田愚)를 지칭한다.
85) 태산이 무너져 : 훌륭한 스승이 죽은 것을 의미한다. 《예기》〈단궁상(檀弓上)〉 참조.
86) 옥류동 : 금재 최병심(崔秉心, 1874~1957)이 활동했던 전라북도 전주시 완산구 교동을 말한다.

石潭源脉歸華島　理氣諸論得正宗
嗟天又縱先生意　爲世特專衛闢功
今忽山頹秋亦慘　遮眼淚灑玉流風

4월 12일 어초정[87]에 올라가 함께 노래함 1960년

꽃을 찾아가는 이날은 일 년처럼 아깝고
빼어난 승경이라 별천지가 열려 있도다
늦은 시간 높은 바위 가에서 아름다운 꽃 찾고
다시 옛 시냇가에선 신록의 버들 찾는다
세간에 누가 풍진을 초월하겠는가마는
저 속에 특별히 아름다움 풍경 모두 있구나
자리의 빼어난 이들 모두 흠뻑 취하자
노래하고 춤추며 즐거움 잇기를 싫어하지 않네

四月十二日登漁樵亭共吟 庚子

尋芳此日愛如年　勝地爲開別有天
晩覓奇花危石曲　更隨新柳故溪邊
世間誰自超塵色　這裡特兼飽景烟
座上羣雄皆盡醉　不嫌歌舞樂留連

---

87) 어초정 : 전라북도 순창군 유등면 유촌(柳村) 마을 남쪽 고뱅이산 속 섬진강 변에 세워진 정자다.

제생과 무진정[88]에 올라 노래함 1960년 5월 4일

한 정자 반쯤 하늘에 떠서 높이 솟구쳐
강물은 도도하게 만경창파로 이어지네
모래톱 백로는 마음 평안해 꿈도 화목하고
뜨락 느티나무는 녹음 빽빽해 맑은 안개 머금네
몇 사람이나 이곳 지나며 지팡이를 내려놓았을까
오늘에야 정자에 올라 전하는 시를 외워 보노라
끊임없이 오가는 나그네들에게 물어보노니
나루터에는 백성 구제할 배가 정박해 있는가

與諸生登無盡亭吟 庚子五月四日

一亭高出半浮天　江水滔滔萬頃連
沙鷺心平和睦夢　庭槐蔭密帶晴烟
幾人過次停筇得　此日登臨誦句傳
借問往來無盡客　渡頭艤在濟民船

---

[88] 무진정 : 전라북도 남원시 대강면 방산리에 있는 정자다.

세태를 걱정하며 읊은 감회

태평했던 시간이 얼마나 되었던가
나도 모르게 책 속 백의로 늙어 가네
중화가 변해 오랑캐 됨에 차마 보기 힘들고
임금은 없으나 나라는 있으니 어디로 간단 말인가
난초는 그윽한 골짝에서 자라 멀리까지 향기 뿌리고
봉황은 하늘 바람에 내려와 가지를 가려 앉는 법
자기를 위하는 학문의 의미를 끝내 알았다면
보배를 품었으니 어찌 손상될까 아는 사람 드물구나

憂世感吟

河淸及日幾多時　不覺卷中老白衣
變夏用夷那忍視　無君有國適安歸
蘭生幽谷聞香遠　鳳下天風擇止枝
爲己終知爲學義　懷珍何損識人稀

감회

세상의 도는 창창해 나와는 어긋나
은거해 주경야독하며 의관을 지킨다네
들보에 깃들인 새끼 제비는 나는 법 알아야 하고
계곡을 떠난 저녁 꾀꼬리는 벗을 부르며 가네
젊은 시절 경륜은 바른길을 지키는 것이며
늙었을 때의 한가한 정취는 밭을 주는 것
천년의 어진 학업 어디 있는지 알아야 하니
몽교관[89]을 아는 사람은 거의 없구나

感懷

世道倀倀與我違　隱居耕讀守冠衣
棲樑新燕知飛習　出谷晚鶯喚友歸
早歲經綸衛正路　暮年閒趣付畬畸
千秋賢業知何在　夢覺一關識者稀

---

89) 몽교관 : 격물(格物)과 같은 말이다.

국화 피는 가을날 의랑 논개에 차운함 장수 논개사

명승 고을의 풍류는 진양[90]이 아닐까
성대한 경관은 일반적으로 똑같구나
단풍이 온 골짝 단장해 새롭게 비단 이루고
국화가 반 누런빛 토해 내 유독 꽃을 터트렸다
기이한 공을 외웠더니 나의 시가 되고
밝은 제사 지내려고 공당[91]에 올랐네
의랑 논개의 심혼은 응당 죽지 않았으니
훌륭한 명예는 백세의 향기로 반드시 퍼지리라

菊秋拜義娘次韻 長水論介祠

勝郡風流擬晉陽　蔚然景色一般長
楓粧萬壑新成彩　菊吐半黃獨自芳
爲誦奇功題我軸　仍將明祀隮公堂

---

90) 진양 : 국가가 위급할 때 대피할 수 있는 전략적 요충지를 가리킨다. 《전국책(戰國策)》〈조책(趙策) 1〉 참조.
91) 공당 : 공무를 맡아보는 관아를 말하나, 여기에서는 사당을 가리킨다.

義娘心魄應無死　令譽必聞百世香

대성산방[92] 제생이 학부형과 함께 요천에서 노닒

1967년 4월 7일

아름다운 시절 만나 한번 노닒을 알리니
온종일 기쁜 마음에 풍류 즐기기 족하도다
늦은 꽃은 석 달 봄 외에도 이어 피고
큰 보리는 사방 들 끝에서 가득 열었도다
꾀꼬리는 지저귀며 둑방 버들에서 벗 부르고
해오라기는 서서 물 안의 물고기를 엿본다
요천의 마석이 마치 모래처럼 하얗기에
새로 목욕하며 세속 먼지를 응당 씻어 내네

大聖山房 諸生與學父兄 共遊蓼川 丁未四七

値此佳辰卜一遊　賞心鎭日足風流
晩花續發三春外　大麥豊登四野頭
喚友鶯歌堤上柳　窺魚鷺立水中洲
蓼川磨石沙同白　新浴兼宜滌世塵

---

92) 대성산방 : 저자가 장수군 번암면에서 운영한 서당의 이름이다.

감회를 노래함 1971년 11월 26일

집안 다스리는 신묘한 도는 어디에서 나올까
독실하게 하는 부부 사이에서 시작되는걸
부자간의 가까움과 은혜도 이로부터 출발하니
의리와 예의가 생겨나 마침내 백성도 편안해지네
그대들은 불효에 세 가지가 있다는 것을 아는가
그 안에 후손을 두지 않는 것이 죄가 가장 크다네
의를 사랑하라는 부모님의 가르침을 두려워하며
선조의 가업을 계승하는 책임이 그대들에게 달려 있다네

感吟 辛亥復念六
齊家妙道從何處　慥慥造端夫婦間
父子親恩於此始　義生禮作竟安民
汝知不孝有三否　無后其中罪大眞
惕念二人敎愛義　紹先任托在汝身

전주향교 경전 강연일의 차운시를 뒤늦게 씀 1976년 2월

전주 동쪽에다 마침내 강연을 열었으니
지금 같은 말세에 미풍양속을 볼 수 있구나
맹자께선 나를 먼저 성선으로 끌어 주니
후생은 이로 인해 어리석은 마음 깨트리네
치국평천하는 인륜을 밝히는 데에서 나오고
극기복례는 간략함을 지키는 데를 도리어 구하네
이는 모두 세상을 붙잡는 계책이 될 것이니
어진 학자들 모두가 이를 힘쓰기 바라노라

追次全州鄕校經傳講演日吟 丙辰二月

講筵始設沛城東　叔季如今見美風
鄒聖先余提性善　後生因此破心蒙
治平出自明倫上　克復反求守約中
斯擧將爲扶世策　願言多士務玆同

화계 선생 박 공의 영연에 찾아가 곡함 1975년 3월 말일

이단의 학설 분분해 세상은 어두워졌기에
오직 박 공께선 배움 펼치사 문명을 밝게 하셨네
사람 완성을 경학 공부 부지런히 하라 권면했고
도학 강론해 성정을 이루기를 힘써 바라셨지
공연히 궁핍한 집에서 늙어 가나 본래 본분을 편히 여겼고
자주 인적 없는 골짝에서 들으며 꽃다운 이름 남기셨지
이제는 훌륭한 가르침을 이어받을 길이 없으니
여생에 복도 없기에 눈물이 절로 주르륵 흐르도다

哭拜華溪先生朴公靈筵 乙卯三月末日
異說紛紜世晦盲　惟公治學啓文明
成人隨勸勤經業　講道務要遂性情
虛老窮廬安素分　習聽空谷樹芳名
警咳今日无承處　無祿餘生淚自橫

제주 부두에서 사돈 형 신길휴와 헤어지며 줌

탐라도의 형승이야 우리 동방에서 최고이며
미풍양속이 여전히 많아 옛날 풍속 지녔네
국도는 아름다운 숲속에 넓게 펼쳐졌고
차 행렬이 흰 구름 속에 반만 지나가네
영매93) 근심에 시간은 참으로 오래되고
평수94)처럼 만나95) 예의 더욱 중하네
부둣가에서 석별하며 정중히 부탁하니
평안하시라는 두 글자의 뜻 끝이 없네

---

93) 영매 : 대유령(大庾嶺) 매화로, 기후의 차이에 따라 남쪽과 북쪽의 개화 시기가 다르다는 매화를 말한다. 옛날 친지들끼리 서로 매화꽃 가지를 부쳐 주던 풍속이 있었기에 만남을 뜻하는 시어다.
94) 평수 : 부평초(浮萍草)와 물을 합칭한 말로, 부평초와 물이 서로 우연히 만나듯, 사람도 객지에서 우연히 서로 만난 것을 말한다. 〈등왕각서(滕王閣序)〉 참조.
95) 만나 : 원문 '합잠(盍簪)'은 뜻이 맞는 이들이 서로 달려와 회동하는 것을 말한다. 《주역(周易)》〈자괘(予卦) 구사(九四)〉 참조.

濟州埠頭 贈別查兄申吉休

耽羅形勝擅吾東　美俗尙多舊日風
國路橫開佳樹裡　車行半過白雲中
嶺梅懷怒時惟久　萍水盍簪禮益隆
惜別津頭鄭重託　平安二字意無窮

완산재 중건에 삼가 차운함 1979년 4월 일
전주시 효자동 3가 마전에 있다.

황강96)의 학문과 덕행을 우리 동방에 세우니
이로부터 어진 자손들 그 뜻을 함께 이었네
아름답고 두터운 재능은 참으로 왕을 도울 만하고
하늘과 사람을 배움 성정 안에서 궁구했다네
당시 일찍이 화이의 구분을 판단했으니
이 땅 여전히 공맹의 유풍이 남아 있다네
가업을 계승하는 건 어진 효자의 일이라
아름답게 천년만년 이어질 수 있길 바라노라

謹次完山齋重建韻 己未 四月 日

在全州市 孝子洞三街 馬田.

黃岡文德創吾東　自後肖孫繼述同
良厚才能眞王佐　天人學究性情中
當時早判華夷分　此地猶存鄒魯風
肯構肯堂賢孝事　願言美擧萬年通

---

96) 황강 : 조선 중기의 문신 김계휘(金繼輝, 1526~1582)의 호다.

분성 배씨 충효각 복원 및 침천재 중수 추감시 1979년

이곳은 김해시 하락죽동에 소재하며, 주인은 배영순이다.

부모는 충성하고 자식은 효도해 생을 마쳤기에
작설[97]이 빛나사 훌륭하고 영화롭구나
대대로 후세에 모범 되었다 길이 칭송하리니
사람들은 훌륭한 이름을 모두 알리라
천성이 인륜의 차서를 거느려 받들고
절조는 일월의 밝음과 높이 다투네
멀리서나마 훌륭한 가문의 성대한 경사 축하하니
선조의 유업 계승해 가문의 명성 떨치리라

盆城裵氏 忠孝閣復元及枕泉齋重修 追感韻 己未

地在金海, 賀洛竹洞, 主裵榮淳.

父忠子孝樂輕生 綽楔煌煌命且榮

---

97) 작설 : 충신(忠臣), 효자(孝子), 열녀(烈女) 등을 표창하기 위해 그 집 앞이나 마을 앞에 세우던 붉은 문을 말한다. 정문(旌門) 또는 홍문(紅門)이라고 한다.

世世長稱垂後法　人人皆得誦芳名
性天奉率彝倫敍　氣節爭高日月明
遙賀盛門餘慶遠　肯堂繩武振家聲

사육신의 충의는 해와 달과 더불어 빛을 다툼 1980년
2월 일
강원도 영월읍 영흥리 문화원에서 이은형을 대신해 짓다.

    산에서 내리신 사육신은 우리나라 도왔으니
    명명백백한 대의는 해와 별처럼 빛나도다
    뜻이 높은 왕촉[98]은 충절 훌륭하고
    명분 세운 비간[99]은 열풍 늠름하기만
    향굴의 반시에는 마음 여전히 있고
    현릉의 소나무 측백나무 꿈속에 있도다
    후인들은 천추의 은사를 영원히 받고
    천지는 무궁한 은택에 유유자적하구나

---

98) 왕촉 : 전국 시대 제(齊)나라의 현인(賢人)으로, 왕에게 간언했으나 받아들여지지 않자 물러나 농사지으며 살았던 인물이다. 《사기(史記)》 권82 〈전단열전(田單列傳)〉 참조.
99) 비간 : 은나라 주왕의 삼촌으로 주왕의 음란함에 대해서 간하자, 주왕이 "성인의 심장에는 일곱 구멍이 있다는데 사실인가 보자"라고 하고는, 비간의 배를 갈라 죽였다. 《사기》 권3 〈은본기(殷本紀)〉 참조.

六臣忠義與日月爭光 庚申 二月 日

寧越邑 永興里. 文化院 代李殷衡作.

嶽降六臣佑我東　明明大義日星同
志尊王蠋精忠節　名樹比干凛烈風
香橘盤詩情有在　顯陵松栢夢懷中
後生永受千秋賜　天地悠悠澤不窮

패성 회고 1982년 단양절

당시 나는 전주향교 명륜당에 머무르면서 한문을 가르치는 중이었다.

예로부터 전주는 경관 아름답고
미풍양속이 또한 함께 있는 곳이라
산엔 오목대[100]가 높은 언덕에 있고
해가 경기전[101] 위 섬돌에 비치도다
남고사의 새벽 종소리는 멀지 않게 들리고
덕진의 못은 끝이 없이 흐르네
명륜당 안에서 윤리를 밝게 하니
후세에 지사의 마음을 누가 알리

---

100) 오목대 : 전북 전주시 덕진구 교동 소재 건축물이다. 《신증동국여지승람(新增東國輿地勝覽)》 권33 〈전라도(全羅道) 전주부(全州府)〉 참조.
101) 경기전 : 전북 전주시 완산구 풍남동에 있는 곳으로, 조선 태조 이성계의 초상화가 있다.

沛城懷古 壬戌端陽節日

時余在全州明倫堂, 敎授漢學中.

從古沛城擅景佳　美風良俗又兼偕
山開梧木臺高苑　日照慶基殿上階
南固曉鍾聽不遠　德津流澤逝無涯
明倫堂裡明倫理　後世誰知志士懷

망모당 시회의 감회 1984년 6월 16일

망모당은 전북 금마군 왕궁면 동쪽에 있는데 이곳은 송표옹 서원이다. 시회를 이곳에서 열었으나 나는 참석할 수 없어 시를 보냈다.

    망모당의 명성은 우리나라에서 으뜸이라
    표옹의 덕행과 명예가 하늘과 함께하네
    경륜은 춘추의 대의를 품어 얻었으며
    지업은 공맹의 유풍을 길이 전했지
    성상 보필하는 문장으로 배움의 힘 아셨으며
    몸을 진실하게 하는 법도로 인의 공훈 체득했네
    영험한 혼령 예나 지금이나 계시는 듯해
    숭앙하는 마음 가득해 끝이 없다네

望慕堂詩會有感 甲子七月十六日

望慕堂, 在金馬王宮面東, 是宋瓢翁書院也. 詩會設于此, 余未參而送詩.

    望慕堂名擅我東　瓢翁德譽與天同
    經綸飽得春秋義　志業長傳鄒魯風
    補袞文章知學力　誠身規矩體仁功
    英靈如在無今古　景仰餘情儘不窮

삼효정102) 중수에 차운함
전북 완주군 구이면 청명동. 조양 임씨 문중 임인환

    삼효가 한집안에서 석류103)로 태어났으니
    정려와 작설104)들이 날듯이 이루어졌다네
    달빛이 대사105)에 임하니 단청은 빛나고
    땅이 명승지에 펼쳐져 고을과 골짜기 밝네
    부지런히 선행을 실천해서 덕성을 보존해
    대대로 선한 이웃 가려 살아 유성106)을 떨치리라

---

102) 삼효정 : 전북 완주군 구이면 임씨 형제 삼효정려각을 가리킨다.
103) 석류 : 효자의 집에 계속 효자가 나는 것을 말한다. 《시경》 〈기취(旣醉)〉에 "효자가 다하지 않으니 길이 너에게 선을 주리로다(孝子不匱, 永錫爾類)"라고 했다.
104) 작설 : 충신(忠臣)·효자(孝子)·열녀(烈女) 등을 표창(表彰)하기 위해 그 집 앞이나 마을 앞에 세우던 붉은 문(門). 정문(旌門). 홍문(紅門)을 말한다.
105) 대사 : 대(臺)와 사(榭)를 통칭한 것이다. 높고 큰 누각이나 정자를 널리 칭하는 말이다. 대개 지면보다 높이 세우되 위를 평평하게 만든 것을 '대(臺)'라 하며, 높은 대 위에 나무로 지어 멀리 조망할 수 있도록 지은 것을 '사(榭)'라 한다.
106) 유성 : 나라를 지키는 성곽이라는 뜻으로, 종실(宗室)의 역할을 비

짧은 시 지어 중수의 의의를 멀리서나마 축하하니
훌륭한 집안 계술해 아름다운 명성 펼치리라

次三孝亭重修韻

完州郡 九耳面 淸明洞. 兆陽林氏 門中 林仁煥.

三孝一門錫類生 蒙旌綽楔翼然成
月臨垳榭丹靑赫 地坼名區洞谷明
爲善孜孜存性德 擇居世世振維城
短詩遙賀重修義 繼述克家播美聲

유하는 말이다. 《시경》〈판(板)〉 참조.

매성 회고 1987년 4월 6일
매영은 전라좌수영으로 여수에 있다. 향교시사에서 주최.

    매영의 풍경은 우리 동방에서 으뜸으로
    충민사[107] 명성이 옛날과 같이 떨치네
    장사는 마음속으로 기개를 회맹하고
    바닷가 하늘에선 개선한 바람 불도다
    한산사가 이내와 구름 밖에 우뚝 솟아 있고
    구봉잠은 비와 이슬 안에 푸르게 있구나
    고개 돌려 당대 지난 사건들 바라보니
    국조가 이어진 운명 길이 무궁하구나

    梅城懷古 丁卯四月六日
    梅營, 全羅左水營, 在麗水. 鄕校詩社主催.

    梅營風致擅吾東 忠愍祠名振古同

---

107) 충민사 : 정유재란 때 노량해전에서 전사한 이순신(李舜臣)을 제향한 사당이다.

壯士會盟心敵愾　海天吹送凱旋風
寒山寺立烟霞外　九鳳岑青雨露中
回顧當年經歷事　國朝承運永無窮

금강에서 뱃놀이하며 차운함 6월 9월 일
공주금성시회 주최, 공주시 백제 문화제 선양 위원회다.

가을처럼 이슬은 맑고 바람 서늘하니
금강의 불빛이 하늘과 닿아 흐르는구나
바다 포구엔 찬 기러기 울음소리 멀리 들려오고
물가 밭에 졸며 목욕하는 갈매기가 때로 보인다
연회에 술 마시고 즐겁게 노래 부른 한제의 추풍사[108]요
허공을 타며 뭔가 부러워했던 소선[109]의 놀음이라
한 조각 작은 배를 타고서 소요하는 취미이니
내 가슴 티끌 가득한 만 잔의 근심을 씻어 준다
'소요취'는 본래 '유란장'이라고 했다.

---

108) 한제의 추풍사 : 한나라 무제가 하동(河東)으로 행차해 토지신에게 제사를 지내려고 분하(汾河)를 건너는 선상(船上)에서 군신(群臣)들과 함께 연회를 열었을 때, 흥에 취해 지은 〈추풍사(秋風辭)〉를 가리킨다.
109) 소선 : 송나라 때의 문장가 소식(蘇軾, 1036~1101)을 말한다. 〈적벽부(赤壁賦)〉가 대표작으로 이를 염두에 두고 쓴 것이다.

次錦江泛舟韻 六月九月 日

公州錦城詩會 主催, 公州市 百濟文化祭 宣揚委員會.

露白風淸屬九秋　錦江水色接天流
遠聞海浦鳴寒雁　時看渚田眠浴鷗
飮燕歡歌漢帝辭　憑虛何羨蘇仙遊
縱妓一葦逍遙趣　滌我塵襟萬斛愁
逍遙趣 本作維蘭槳.

계유년(1993) 인일 감회를 노래함

흘러가는 시간은 물처럼 지나가고
늘 사계절 보는 것은 번개처럼 가도다
구순이 장차 가까우니 심회가 더욱 간절하고
죽마를 타며 거리에서 놀던 일이 어제 같구나
일평생 글과 묵 속에서 늙음을 잊었으며
마을 안에서 지업은 과연 어떻게 했던가
인을 구했으나 얻지 못해 근심은 더욱 크기에
여전히 위무110)처럼 부지런히 힘쓰시기를

癸酉人日感吟
冉冉光陰逝水如　每看四季電過如
耄期將近懷尤切　竹馬走街昨日如
忘老一生文墨裡　巷中志業果何如

---

110) 위무 : 춘추 시대 위 무공(衛武公)은 95세의 나이에도 불구하고 나라 사람들에게 자신을 일깨울 만한 좋은 말을 해 달라고 당부할 정도로 훌륭한 덕을 지녔으므로 사람들이 그를 칭송했다고 한다. 《시경》〈위풍(衛風) 기오(淇奧)〉참조.

求仁未得憂攸大　願尙孜孜衛武如

손자 엄찬영에게 지어 줌 1993년 정월 대보름날

술 마시고 담배 피우는 것은 몸을 매우 해치는 것이니
술은 기를 어지럽게 하고 담배는 혼을 어지럽게 한다
혹시 지난밤에 취해 늦게 귀가한 걸 잊었더냐
그날 내 근심은 다시 또 생기려고 하는구나
향인을 벗어나지 못하면[111] 부모를 욕되게 하니
맹자께서 남기신 말씀을 스승처럼 받들어라
담배를 끊고 술도 끊는 것을 깊이 경계로 삼아
너의 약한 몸을 붙잡고 천성을 잘 보존하거라

詠贈鑽煐 癸酉 元宵

嗜酒吸烟甚害身　酒能亂氣烟瞢魂
倘忘昔夜醉歸晚　當日余憂尙自新
未免鄕人忝父母　願師鄒聖所垂言

---

111) 향인을 벗어나지 못하면 : 《맹자(孟子)》〈이루 하(離婁下)〉에 "순임금도 사람이며 나도 사람인데, 순임금은 천하에 모범이 되어서 후세에 전할 만하거늘 나는 아직도 향인이 됨을 면치 못했으니, 이는 근심할 만한 일이다"라는 내용이 보인다.

禁烟絶飲爲深戒　扶汝弱躬保天眞

대로사[112] 추양 낙성시 1990년 8월

새롭게 지은 대로사 가을날 완공되어
하늘엔 맑은 기운 가득하고 풍광 그윽하다
명승지라 장연악과는 북쪽으로 접해 있고
시원하게 트여 강한루를 서쪽으로 이웃했네
후생을 권장해 예의 풍속 숭상하고
선정을 종사로 삼아 미풍양속 권면하네
우리의 도가 이로부터 문명 밝아지는 날이면
사람들 모두 세상 근심을 장차 잊음 보리라

大老祠秋陽落成韻 庚午八月

新築齋成序屬秋　滿天淑氣景光幽
勝區北接長淵岳　爽塏西隣江漢樓
勸進後生崇禮俗　宗師先正勉風猷

---

112) 대로사 : 경기도 여주시에 있는 시도유형문화재로, 1785년 왕명에 따라 송시열(宋時烈)을 제향하기 위해 여주의 남한강 변에 세웠다. 그해에 사액되었는데 이때는 송시열에 대한 존칭인 대로(大老)의 명칭을 붙여 '대로사'라고 했다. 지금의 강한사(江漢祠)다.

從此吾道文明日　將看人人忘世愁

한국한시협회 문명 정부 출범에 차운함 주최 최면승

예의와 문명이 우리 동방을 열었으니
하늘이 내려 주신 복과 명을 하늘과 함께하네
곳곳마다 산림을 조성해 마을 풍요로우며
집집마다 농사에 힘써 온후한 풍속 넘친다
나라의 힘을 반석 위에 두어 편안하니
백성의 마음 태평하게 해 즐거움 있구나
재물 불리는 일은 나라의 이익 아님을 아니
덕의 정치 펼치사 끝없이 누리리라

次韓國漢詩協會文明政府出帆 主催 崔勉承
禮義文明啓我東　荷天祚命與天同
培林處處豊村貢　劫稼家家動厚風
國勢置安盤石上　民情樂在太平中
從知貸殖非邦利　德政由來享不窮

단군제전에 바람 1993년 6월 일
대구시 중구 남산 4동 227-2 명륜동지회.

    터를 열고 천명 받음에 요임금의 하늘과 함께하니
    다스리며 교화함이 광활하게 대성했다네
    집집마다 힘써 농사지었으니 풍년이라 말하고
    밤마다 문을 열어 두어도 편안히 잠을 잔다네
    몸과 마음은 은미한 곳까지 경을 독실히 하고
    풍성과 교화는 먼 바닷가까지 점차 확대하리
    제전에는 오늘날까지도 환웅과 혁거세를 두었으니
    한반도에 해와 달빛 밝게 빛나도다

願檀君祭殿 癸酉 六月 日

大邱市 中區 南山四洞 二二七之二 明倫同志會.

啓基受命幷堯天 治化大成蕩蕩然
力穡家家稱富庶 開門夜夜得安眠
體心篤敬幽微裡 聲敎曁漸遠海邊
祭殿于今桓赫立 震檀日月照臨圓

옛 도읍의 가을 풍경 1993년
경주시 황오동 한국한시연구원장 정태수

국화가 누런 꽃 토해 내니 백로의 절기요
옛 도읍 가을 풍경을 사람처럼 알고 있구나
자애로운 어머니는 새 옷 주니[113] 마음 싫지 않고
취한 신선 모자 떨어지니[114] 흥은 슬프지 않도다
명승지 탐하고 즐겁게 노니 시가 취미에 들고
마음 완상에 마시고 읊조리니 술이 술잔에 찬다
좋은 절기에 즐거운 일이 이에 넉넉하고
벗을 대하고 서로 잊음에 밤 대화 더디도다

---

113) 새 옷 주니 : 겨울옷을 준비해야 한다는 뜻으로 음력 9월을 가리킨다. 《시경》〈칠월(七月)〉 참조.
114) 모자 떨어지니 : 원문 '낙모(落帽)'는 취모(吹帽)와 비슷한 말로, 가을바람이 모자에 불어 모자를 떨군다는 뜻이다. 《진서(晉書)》 권98 〈맹가열전(孟嘉列傳)〉 참조.

古都秋景 癸酉

慶州市 皇吾洞 韓國漢詩研究院長 鄭泰守

菊吐黃花露白時　故都秋景若人知
授衣慈母情無厭　落帽醉仙興不悲
耽勝遨遊詩入趣　賞心飮詠酒盈巵
良辰樂事於斯足　對友相忘夜話遲

여수 유림회관 건립을 축하함 1994년 3월 23일

여천은 사대부 유림으로 본래 으뜸이라
인재들 많이 배출했고 찾아옴도 많네
충민사 터는 하늘이 땅을 빌려주고
종고산 빛은 예나 지금이나 여전하네
구름과 이내 개어 바다 넓게 보이고
바람과 달 마음에 들어와 대작하며 읊네
이맘때 해사가 완공했다 전했으며[115]
꾀꼬리 소리는 가득 울리며 봄 깊음 알리네

祝麗水儒林會館建立 甲戌三月念三日

麗川素擅士夫林　多出人才備訪尋
忠愍祠圻天借地　鍾鼓山色古猶今
雲烟晴海瞻望豁　風月入懷對酌吟
際此奚斯功告訖　鶯聲百囀報春深

---

115) 이맘때… 전했으며 : 해사는 춘추 시대 노(魯)나라 공자(公子) 어(魚)의 자인데, 노나라 희공(僖公)이 종묘를 지을 당시 그가 그 일련의 공정을 맡아 감독했기에 이렇게 말한 것이다.

일시(逸詩)116)

---

116) 저본인 《경와사고(敬窩私稿)》에는 수록되지 않았으나, 금산서사에 소장한 일시(逸詩) 가운데 일부를 골라 소개한다.

감회 1974년 12월 16일

길이 한 장의 땅 높아지면
장애 또한 따라서 높아지니
이는 추담117)의 말씀이라
덕을 수양하도록 나를 열어 주었지
타산의 저 쓸모없는 돌도
옥을 다듬어 아름답게 한다네
이 또한 시경의 뜻이라118)
힘쓰는 뜻을 내게 주었네
이제야 장애와 돌을 알았으니
네 성공을 도울 것이라
인과 도는 어렵지만 쉬우니
경을 기초로 삼아 익혀라
경 공부에는 중요한 법이 있으니

---

117) 추담 : 간재(艮齋) 전우(田愚, 1841~1922)를 말한다. 추담(秋潭)은 그의 호다.
118) 타산의… 뜻이라 : "타산의 돌로 옥을 갈 수 있다(他山之石 可以攻玉)"라는 구절을 전용한 것이다. 《시경》〈학명(鶴鳴)〉 참조.

오로지 해서 다른 곳 가지 마라
천성 받들어 늘 안에 두어
응당 동정의 기미를 살펴라
마음 끝에 여러 생각 있으면
사악함과 바름을 흐릿하게 해서
때로 정신과 형체 기운에서 나오고
더러 성명의 아래에서 근원하기도 하지
인심은 진실로 험함을 경계해야 하고
도심은 역시 은미함을 두려워해야 하니
유정유일 윤집궐중의 뜻119)으로
곧장 명칭을 학규라 해라
그대 배우고 실천에 힘쓰길 바라니
성인의 덕을 기약할 수 있으리라
성인의 방 어디로부터 들어갈까
높은 곳 오르려면 낮은 곳부터 해야 하니
부부로부터 도는 시작되는 것이라
온갖 일들의 마땅함을 지극히 살펴

---

119) 인심은… 뜻 : 《서경》〈대우모〉에 "인심은 위태하고 도심은 은미하니, 오직 정밀하고 일관되게 해서 그 중도(中道)를 진실로 잡아야 한다(人心惟危, 道心惟微, 惟精惟一, 允執厥中)"라 한 것을 가리킨다.

학업을 넓혀 치국과 평천하에 이르는 날
덕행은 밝게 되어 본성도 회복되노라
아! 나의 소자들아
내 나이 칠순에 이르러
평생의 감회를 피력하니
아! 이를 생각하고 생각하라
몸을 보호하고 지혜 밝게 하며
덕을 높이고 위의를 삼가라
분수 편히 여겨 천명을 들어야 하니
하늘은 바로 훌륭한 스승이로구나

感懷 甲臘旬六

道高一丈地　魔亦隨而高
此是秋潭語　啓余修德篤
他山彼惡石　攻玉可磨休
斯又詩經義　貽余勵志鍬
始知魔與石　助汝成功資
仁道難而易　體來敬作基
敬工要有法　主一莫他之
奉性恒居內　審應動靜機
心頭多念緒　邪正觸眸隨
或出神形氣　或原性命底

人心固戒險　道念且畏微
精一執中義　乃名爲學規
勸君懋學實　聖德可由期
聖室從何入　登高必自卑
造端夫婦上　至察萬機宜
業廣治平日　德昭復性時
嗚乎余小子　歲迫七旬朞
瀝告平生感　嗚乎念念玆
保身明且哲　尊德愼威儀
安分聽天命　上天是好師

노년의 회포 1988년 3월 9일

독서에 힘쓰느라 젊은 시절 보냈고
덕을 닦으면서 남은 생도 즐기리라
곤궁해도[120] 분수를 편히 여겼기에
기미를 알아 세상과의 인연 잊노라

晚懷 戊辰窩九

勉書消白日　修德樂余年
処約安天分　知機忘世緣

---

120) 곤궁해도 : 원문 '처약(處約)'은 어려운 환경을 일컫는 말로,《논어》〈이인(里仁)〉에 보인다. "공자가 '어질지 못한 자는 오랫동안 곤궁한 데 처할 수 없으며 장구하게 즐거움에 처할 수 없으니, 인자는 인을 편안히 여기고 지자는 인을 이롭게 여긴다'라 했다."

스스로 경계하며 노래함 1993년 정월 인일

내가 지어 자손들과 문인들에게 보여 주었으니 당시 내 나이 88세였다.

건곤을 부모로 태극에서는 정했고
일월을 음양으로 음양에선 정했다네
하늘이 움직여 땅을 감싸니 일 년이 정해지고
해와 달이 서로 만나니 한 달이 정해지네

인도는 당연히 천지를 본받고
남녀 배합은 성을 받아 정해지네
서른에 장가가서 혈기가 정해지고
스물에 시집가서 월경이 정해지네

비록 만남도 주기가 정해져 있지만
한 달과 보름과 칠 일은 정해져 있는 법
이를 어기면 불합리하다고 하니
천명 받은 백수를 어찌 정하랴

비록 자기 아내라도 망령되이 부합하지 못하니

비바람에 음기도 어두워 또한 부합하지 못하네
만약 다시 이부자리에서 서로 가깝게 되어도
몸을 닦음과 집안 정리는 도에 부합하지 못하네

부부로부터 시작하는데 도에 부합하지 못하면
어떻게 이치에 부합함을 얻어 치국평천하 하리오
고아 과부 유부녀를 침범하고 업신여기면
법을 범할 뿐 아니라 천벌에 부합한다네

큰 욕심을 이러한 징험을 통해 막아 낸다면
자신을 이겨 예를 회복함에 인과 성이 부합한다네
다행히도 나는 일평생 이 절개를 조심했으니
천지 신을 감동케 해서 사랑하는 마음에 부합했네

自戒吟 癸酉元月人日

敬窩題, 示子孫門人, 時余年八十八歲也.

乾父坤母太極定　日陽月陰陰陽定
天運繞地周年定　日月相會每朔定

人道當然效天地　男女配合賦性定
三十有室血氣定　二十而嫁經已定

雖然會合期亦定　一月及望七日定
違此是名不合理　賦命百壽豈可定

雖自己妻不妄合　風雨陰冥亦不合
如更相狎衽席上　修身齊家道不合

造端夫婦道不合　何論治平得理合
侵侮孤孀有夫女　犯憲不啻天罰合

大慾斯窒於此驗　克己復禮仁性合
幸余一生愼此節　感得神祇愛意合

경을 독실케 하는 공부 1993년 정월 7일
아래로 사람의 일을 배우고 위로 하늘의 이치에 도달하다.

경으로써 마음을 곧게 함은 심술을 밝게 하고
의로써 행동을 바르게 함은 위의를 굳세게 하네[121]
심술과 위의가 밝고 굳센 뒤에라야
심신과 덕업이 차례차례 나아갈 수 있다네
절기에 맞는 음식으로 몸과 마음을 기르고
존경할 곳을 둘러보고 의관을 바르게 해야 하네
옷과 음식에 힘쓰는 공부는 일상에서 절실도 해서
이런 지극한 도로부터 찾고 구해야 한다네

篤敬做工 癸酉元月七日

下學上達.

敬以直內明心術 義以方外攝威儀

---

[121] 경으로써… 하네 : 안으로는 공경으로써, 밖으로는 의로움으로써 바름을 지킨다는 말이다. 《주역》〈곤괘(坤卦) 문언(文言)〉에 "군자는 경(敬)으로 안을 바루고 의(義)로써 밖을 바르게 한다(君子 敬以直內 義以方外)"라고 했다.

心術威儀明攝後　心身德業次第推
飲食節時養志體　瞻視尊處整冠衣
衣食做工日用切　從玆至道尋向求

해 설

　엄명섭(嚴命涉, 1906~2003)의 본관은 영월(寧越)이고, 자는 성솔(性率)이며, 호는 경와(敬窩)다. 엄주용(嚴鑄容)과 충주 지씨(忠州池氏) 지용재(池龍載)의 딸 사이에서 1906년 3월 10일 전남 곡성군 입면 금산 285번지에서 4남 중 둘째로 태어났다.

　일찍이 간재(艮齋) 전우(田愚, 1841~1922)에게 수학해 《사서삼경집주언해(四書三經集註諺解)》,《소학집주언해(小學集註諺解)》,《독서기의(讀書記疑)》 등의 저서를 남겼다.

　훗날 문집으로 간행하기 위해 시와 산문 등 문체별로 손수 적어 정리한 6권의 필사본이 현재의 《경와사고(敬窩私稿)》다.

　권1에는 시(詩) 748제(題) 805수(首)가 수록되어 있다. 이 가운데 오언 절구(五言絶句)는 5제 6수, 오언 율시(五言律詩)는 2제 3수, 칠언 절구(七言絶句)는 479제 529수, 칠언 율시(七言律詩)는 262제 267수가 수록되어 있다. 차운시(次韻詩)를 비롯해 자식이나 손주, 그리고 지인에게 보낸 증시(贈詩)가 있으며, 무엇보다 사물을 관찰하며 쓴 관물시

(觀物詩), 즉석에서의 심회를 드러냈던 즉사시(卽事詩)가 적지 않게 보인다. 아울러 6·25 동란이나 광복절 같은 역사의 굵직한 사건을 노래한 것도 보이며, 근현대 들어 새로운 문물, 여행 등에 대해 읊은 작품도 산재한다.

권2와 권3에는 편지글이 수록되어 있다. 모두 270여 편인데, 처음에는 최병심(崔秉心) 선생에게 올린 글이 11편 있으며, 이후 이병은(李秉殷), 진영봉(晉瑩奉), 여규철(呂圭澈) 등에게 올린 글 등이 있다. 이 외에도 김종연(金鍾淵), 송순철(宋淳哲), 최갑열(崔甲烈), 김기언(金淇彦), 이은형(李殷衡), 양오겸(楊五兼), 신여성(申如性) 등에게 답한 편지가 있다. 편지는 안부를 묻거나 성리에 관한 의문, 당시 어려운 시국 등을 논한 것이 있다.

권4는 잡저(雜著), 서(序), 기(記), 제발(題跋), 명(銘), 고축(告祝), 제문(祭文) 등이 수록되어 있다. 잡저 46편 가운데 자계(自戒), 자경(自警) 등은 자기반성적 시선을 보여 주는 작품이 눈에 띄며, 〈금산서사 규약(金山書舍規約)〉의 경우 근현대 학당의 규약을 살필 수 있다. 서(序) 12편 안에는 〈김해 김씨 파보 서(金海金氏派譜序)〉와 같은 족보 관련 서문도 있고, 《염재집(念齋集)》, 《산남집(山南集)》, 《효산집(曉山集)》 등 문집 서문도 있다. 기(記) 23편은 중수기(重修記)를 비롯해 〈월산기(月山記)〉와 같은 유람기도 수록되어 있다.

 권5에는 9편의 비(碑), 36편의 묘갈명(墓碣銘), 1편의 묘지(墓地), 31편의 묘표(墓標)가 수록되어 있다. 비(碑)의 경우 신도비(神道碑), 효열(孝烈), 기적(紀蹟) 등이 주를 이루며, 묘갈(墓碣)은 이회근(李晦根), 신의헌(申義瀗), 이장우(李章宇), 박일호(朴一浩), 한종악(韓宗岳), 강진영(姜震永), 최규생(崔圭生), 양해득(梁海得) 등 주변 인물에 대한 글이다. 묘지 1편은 고조(高祖) 낙도와(樂道窩)에 대한 것이다.

 권6은 묘표(墓標) 6편, 행장(行狀) 11편, 행록(行錄) 5편, 전(傳) 7편이 수록되어 있다. 행장은 〈경은 진 공 행장(耕隱晉公行狀)〉, 〈백강 경주 이 공 행장(白江慶州李公行狀)〉 등이 있으며, 부친과 모친의 가장(家狀)도 아울러 수록했다. 행록(行錄)은 병신(丙申)년에 기록한 〈유인 김씨 행록(孺人金氏行錄)〉, 〈절부 윤씨 행록(節婦尹氏行錄)〉, 신묘(辛卯)년에 기록한 〈장효부 엄씨 행록(張孝婦嚴氏行錄)〉, 〈박효부 김씨 행록(朴孝婦金氏行錄)〉 등이 수록되어 있다.

 《경와 시선》은 800수가 넘는 방대한 한시 가운데 127제를 가려 뽑아 옮긴 것이다. 자연에 대한 남다른 시선을 보인 작품, 사물에 대한 예리한 관찰력을 드러낸 작품, 공간적 배치와 시어의 안배가 뛰어난 작품 등을 중점적으로 옮겼다.

방대한 분량의 한시와 다양한 주제를 표출하고 있기에 근현대 시인의 면모를 확인할 수 있는 자료이기도 하며, 뿐만 아니라 한문학의 외연과 확장이라는 측면에서 본다면 본서는 근현대를 살필 수 있는 좋은 자료임에 틀림없다.

특히 그가 글방인 금산서사(金山書舍)에 초학자가 들어오면 학문을 경계하는 작품을 많이 남겼는데, 이는 현재를 살아가는 우리에게 귀감이 되기에 의의가 있다. 아울러 근현대의 역사와 문화, 유학자로서의 모습 및 가치관 등을 이 책을 통해 살필 수 있을 것이다.

옮긴이에 대해

엄찬영

재단법인 한국학 호남진흥원의 연구원으로서, 조선대학교 고전번역학과에서 《십성당집 국역》으로 박사 학위를 받았다. 저서로는 《송암집》(공역, 2019), 《아야 공부해라 훌륭한 사람이 되면 효도는 절로 이루어지니라》(2019), 《남유록》(공역, 2019), 《선현들의 시문 속에서 나주를 읽다》(공역, 2021), 《영남 밀양 선비의 호남 나주 나들이》(공역, 2021) 등이 있다.

강동석

고려대학교에서 〈이곡 문학 연구〉로 박사 학위를 받았다. 당시 연구 범위는 고려 시대의 한시와 산문이 주를 이루었으나, 학위 취득 후 조선 시대와 구한말에 걸쳐 학문의 폭을 다양하게 넓혔다. 현재 재단법인 한국학 호남진흥원에서 책임 연구원으로 재직 중이다.

역서로는 《국역 존재집》 권1(공역, 2013), 《영좌문집》 권1(공역, 2018), 《다산 정약용의 중용》(2023), 《금성삼고》(공역, 2021) 등이 있으며, 저서로는《이곡 문학의 종합적 이해》(2014),《맹자》(2015),《한국 한문학의 감상과 이해》(2016),《논어역보》(2016),《대학 중용 강의》(2017),《중국의 명문 고문진보 산문》(2019),《한국 한문학의 전개와 탐색》(2019),《포은 정몽주 한시 미학》(11인 공저, 2021) 등이 있다.

지역 고전학 총서

경와 시선

지은이 엄명섭
옮긴이 엄찬영 · 강동석
펴낸이 박영률

초판 1쇄 펴낸날 2024년 2월 20일

지만지한국문학
출판등록 제313-2007-000166호(2007년 8월 17일)
02880 서울시 성북구 성북로 5-11
전화 (02) 7474 001, 팩스 (02) 736 5047
commbooks@commbooks.com
www.commbooks.com

ⓒ 엄찬영 · 강동석, 2024

지만지한국문학은
커뮤니케이션북스(주)의 한국 문학 출판 브랜드입니다.
이 책은 저작권자와 계약하여 발행했으므로, 본사의 서면 허락 없이는
어떠한 형태나 수단으로도 이 책의 내용을 이용할 수 없습니다.

ISBN 979-11-288-2615-3 94810
979-11-288-6597-8 94810(세트)

책값은 뒤표지에 있습니다.

값 20,800원

commbooks.com

ISBN 979-11-288-2615-3
ISBN 979-11-288-6597-8 (세트)